大展好書　好書大展
品嘗好書　冠群可期

大展好書　好書大展
品嘗好書　冠群可期

心靈雅集
68

上班族禪話

劉欣如／著

大展出版社有限公司
DAH-JAAN PUBLISHING CO., LTD.

由衷感激星雲大師，在我移居新環境遭遇重重困難時，給予多方協助與鼓勵。

本書寫作亦蒙大師啟發和資料提供，在特致無限的謝忱。

自序

八十年代初，我在台灣意外得到佛緣，起先只想有了正確信仰，總比以前滿腦袋哲學、文學和顛倒妄想好得多，因為那些長期間讓我非常困惑，甚至陷入極度徬徨和憂傷裏，遲遲找不到解脫。誰知我僑居美國以後，生活環境有了重大改變，尤其有許多機會接觸異教徒，而遇過數不清的挑戰、辯論和爭執，結果，反而使我領悟更多佛教智慧，在思想與人生方面起了波瀾壯闊的變化。之後，我隨緣生活，認真觀照自我和世間，終於明白所謂：「處處是學問、俯拾皆文章」，同樣可以用在人間佛教……。

禪不是知識，亦非思想，而是開悟證道的橋樑，儘管它來自印度，佛陀靠它領悟究竟的智慧，打開生死解脫之門，傳到中國以後，歷代高僧大德發揚傳承，而留下許多寶貴的公案記錄。可惜，一般人昧於禪在日常生活的實用價值反而看作神秘兮兮，誤解為道家的煉功吐納、錯得太過離譜，必須要澄清和糾正。於是，我不自量力將禪公案的精髓，分別引進生活的各個層面。

例如我陸續寫完『青少年禪話』、『上班族禪話』、『銀髮族禪話』……還有許多禪話系列正在編排和執筆中，希望多少能破解一般人對禪的迷惑，並進一步接引他們歡喜修行、練習禪坐，尤其時下有太多國人享有豐衣足食之餘，反感精神特別空虛、思想特別徬徨，在在需要禪味來滋潤，禪機來指引……。

最後，恕我附帶一句話——美國加州工商大學一群師生經常舉辦佛學研討會，交換修行心得，十分精采有見地，目前保留許多珍貴的中文稿件和錄音帶，徵求台灣佛友發心整理，以便早日出版，分享海內外所有佛門的師兄師姊。若有誰自信文筆流暢、又樂意發心者，請直接連絡本校：Prof. Hwang, P. O. Box 5116. Hacienda Heights. Ca. 91745 U. S. A. 或傳真:626-968-9926

劉欣如序於
美國佛教弘法中心暨
加州工商大學佛學研討會
二〇〇二年十月

緣起

每個人的一生，都難免碰到不可思議的因緣，事後不免十分驚異、錯愕和納悶，總說不出其所以然。在我四十五歲那年，碰到一次非常殊勝的因緣接觸佛法，之後讓我的思想、觀念和生活起了波瀾壯闊的變化，直到今天仍然隨著那次佛緣在脈動和蕩漾，可說整個餘生都受到它的影響。

自始至今，大約經過十五年，我每一次發現，每一次領悟，都更堅定自己的信念——要把佛法即是世間法的體驗慷慨跟大家分享。換句話說，佛教的禪修不離行住坐臥和起心動念，而這套生活法則是超族裔、超宗教、超地域和超文化……，可以活用在每一個人生活動和職業範圍。俗話說「處處是學問，俯拾皆文章」可以詮譯佛教禪修的真正旨趣。

現在有太多學佛的人，一味誦經持咒，卻不能在現實生活上應用佛教智慧；遇到挫折和問題，不懂用禪話開示來化解，反而熱衷談玄說妙、枯坐瞑想，偏離禪門大德的風範愈來愈遠，雖然不到走火入魔，但肯定不能受用禪味與歡喜，說來太可惜了。

我把上班族定義為「吃人頭路」的受薪階級，包括公家機關的官僚和所有公務員，和私人公司上自總經理、下至臨時工等所有領「死薪水」的人，也許這樣定義仍未週延，我想它含蓋的階層相當廣泛了。若有未盡圓滿之處，仍盼大家指教，我會感激不盡。

劉欣如於洛杉磯
美國佛教弘法中心

目錄

1・找工作，新點子

假定自己對未來的工作輪廓已經有了主見，那麼，朝著既定方向尋找，自然沒有話說，但要怎樣找呢？或怎樣滿足願望——當一個上班族呢？

通常的方法是，透過恰當的職業介紹所，經常閱讀報紙雜誌的求才廣告，請老師、長輩、同學、校友……等代為打聽或介紹，刊登求職訊息，毛遂自薦，還有出奇制勝的一招是：「知己又要知彼」，可以百戰百勝。

先從工商名錄，徵信社通訊或其他市場調查機構裡，找尋可靠的公司與工廠資料，大體過濾後，找幾家跟自己求職目標接近的廠商，之後認真研究他們的狀況，包括組織形態、員工多少，作業部門、產品性質、行銷範圍與對象、各單位的負責人……愈詳盡愈好，從中分析他們的優劣點，尤其找出他們的缺乏，提供他們對話的策略，之後將它寄給對方的相關單位、或老闆本人。當然，其間也敘述自己的學經歷和理念。

換句話說，向對方提供賺錢方法，也許是野人獻曝，但若說得中肯或有用，那麼，不但回訊的可能性很高，且有很大的成功率。

通常所選擇的廠商，以中小企業最理想，一則由於他們正要擴大，極力要往前衝，可能欠缺構想與具體策略；二則大企業的人才齊集，各種制度又健全，且已上了軌道，很難插足進去。

據我所知，一般求職信或履歷表，幾乎千篇一律，內容太公式化，也偏重於自己的敘述，而昧於對方的需要、實況和缺失分析，這樣當然提不出建言，既使能提，也言之不當，結果就極難在眾多競爭者中脫穎而出，甚至被對方不屑一顧。所以，先要努力引起對方的注目與興緻最重要。

我有一位親戚M先生幾年前移民南美洲的巴拉圭，在那裡做進出口不太順利，十年後回來，只想找個工作渡餘生，反而對發展事業不太起勁了。因為他通曉西班牙語，也深知那邊的商場商情，更結交幾位當地的生意人，於是，他回台灣經過一陣子，便從上述資料中找到一家襪子工廠，且知他們的外銷路線都放在美國市場，對於南美洲完全陌生。

這一來，他就擬定一套直銷南美市場的計劃，詳述那邊的情形，自告奮勇要外銷他們的襪子到那裡。幾天後，經理室回信請他去詳談，談完後，他們經過公司內部的多番評估，最後決定聘請M先生去負責那項作業了。後來M先生透露說：

「我跟總經理談完話，剛跨出辦公室大門時，他笑著拍拍我的肩膀說：『你把我心裡的念頭提出來了。』可見我們是互相幫忙罷了，但最重要的推動者，還是靠自己去促成。」

再說一位朋友的女兒A小姐從某大學觀光系畢業，因為外文不太好，結果考不上導遊執照，本人也長得不怎麼樣，顯然很難在本行求發展，幸好她平時熱愛圖畫、書房貼滿形形色色的作品。

有一次，我建議她先冷靜下來，找一本自己最感興趣的文學名著，或膾炙人口的書，將裡面的人物和情節，用圖畫或漫畫表達出來，也就是從文學改成圖畫與漫畫，當作自己的專長和嗜好，然後去找幾家出版社，他們：有些書要有插圖，或將人物主角用圖畫表示，可以增進讀者的興趣，加深讀者的印象，直接幫助讀者吸收與記憶……果然有兩家出版商聽了感興趣，後來她就到其中一家上班了。老闆要她負責若干稿子插圖，和封面設計，這一來，無疑找到自己的嗜好了。

總之，工作既要自己去找，也要有點子，不一定要完全靠對方提供，自己先把好創意、好策略提供對方。這時候，切勿忘記「知己知彼」的戰略，才能百戰百勝。

還有時機、對象和自己的條件要配合恰到好處，誠如禪話：「啐啄同機」的例子。依據『碧巖錄』第十六則說：

「修行人須有啐啄同時之眼，啐啄同時之用，方稱為禪僧。」

意指母雞孵卵的時候，殼中小雞不停地用嘴巴從中向外敲開蛋殼，叫做「啐」，而母雞也在外邊敲殼，來協助小雞的誕生，叫做「啄」。換句話說，兩者互相配合才有新生命的誕生。

雖說無巧不成書，但巧或不巧都需要有推動者，也就是先造因、再靠緣，時機成熟，必能水到渠成，敬盼剛出社會，有意上班的人，不妨牢記上述的禪理。

2‧初次面談，成敗關鍵

六祖惠能初上黃梅山，拜見五祖弘忍大師時，有幾句非常尖銳與精采的對答，那是決定惠能可不可被收留的關鍵，也是決定他後來得傳法衣的根據，請看詳情：

五祖問說：「你是那裡人？想要求什麼？」

惠能答說：「第子是嶺南新州的百姓，遠道來禮拜大師，只求作佛，別無他求。」

五祖又問：「你是嶺南人，又像獦獠樣子，怎能作佛呢？」

惠能答說：「人有南北之分，佛性可沒有這樣分別，獦獠樣子的肉牙與和尚不同，但本有的佛性有何差別呢？」

五祖終於有了計較說：「你這獦獠的根性太利：不必再說了，到槽廠去吧！」

顯然，五祖非常賞識惠能，可說見面一談定終身，對惠能的命運與事業影響巨大，且也影響了中國禪宗的發展形態，說起來真有意思。

※　※

再讀下段禪話，旨趣相似，值得玩味：

青林師虔禪師初訪洞山禪師時，洞山禪師問說：

「你是從那兒來的？」

青林禪師答說：「武陵！」

洞山禪師再問說：「武陵的佛與我這裡的有何不同？」

青林禪師答說：「如在蠻荒的沙石上開放燦爛的鮮花。」

洞山禪師聽後，回頭吩咐弟子說：「特別作一些好飯菜供養這個人。」

之後，洞山禪師對大家說：「這個人以後必然使全天下的學僧，都爭先恐後聚集在他們下。」

※　　※

兩個例子點出初次面談的重要性，應徵求職的初次面談也一樣，有時成敗就在這裡，千萬疏忽不得。

當然，第一次到公司面談，除了服裝、儀表和禮貌等不能太離譜，機智與答話內容也相當要緊，有時對方早有定案，想要錄用你了，只想來一次象徵性面談，誰知千不該、萬不該，應答出了問題，結果一切泡湯了。

就常識上說，公司需要什麼人，而你也具備這些條件，可說彼此相配，供需恰當，才有可能錄用，但若競爭者多，提供職位少，這樣對求職者很不利，面試這一關會格外重要。

若依美國的情況，應徵者會竭盡所能表示自己的特長、強調自己將對公司有什麼利益，而公司也頗看重這一點。

首先就注意一個連自己都推銷不出去的人，將來怎有可能推銷公司的產品呢？有時應徵者到了吹毛求疵的程度，而打動了對方的心，就等於初次告捷，如願成了該公司的上班族。

但依國內習俗，恐怕過份誇大不太理想，但也不能平淡無奇，毫無特色呀！倘若競爭劇烈，面試一定要淘汰若干，那麼，出奇制勝的答話是不能少的。

三十多年前，國內電視事業起步不久，某家電視台正在招考，幸蒙就業輔導處推薦，讓我到那裡去應試，負責人開門見山問我說：

「你在電視台能做什麼呢？」

我聽了不慌不忙，馬上反問他說：

「請問電視台靠什麼收入呢？」

「當然靠廣告呀！」

負責人一本正經回答我。

我心想機不可失，便趕緊向他談論自己的專長是：

「我會做調查分析，例如廣告市場、廣告客戶，還有節目收視率的調查，與觀眾的心理分析等，這些對於公司經營非常重要，若沒有科學性的市場調查，照以後的趨勢來看，絕對不可能有大發展，如果情況嚴重，恐怕連公司生存也成問題……。」

那時，那位負責人只是奉令招考員工，對新興的電視事業很陌生，肯定不如我在國外對電視傳播的理解與研究，所以，才讓我輕易地擊潰他的心防，如願進了那家電視公司。

再說相反的例子。

那年，一位朋友預官訓練回來，申請到美國某大學一筆獎學金，準備半年後出國。他想，出國前找個臨時工，賺點兒外快。果然，他以優秀成績通過一家建築公司的筆試，之後去面試！起先談得蠻順利，有問必答，且答得頗讓對方滿意。

不過，那些問答都屬於事業性，故都難不倒那位朋友。最後，當老闆微笑問他一句話說：「希望你將來在本公司順利獨當一面，我們會加薪……。」

誰知那位朋友一時大意、不小心說溜了嘴，竟掀開底牌，把自己來當臨時工的動機曝光了，只聽他說：

「不瞞你說，我申請到外國大學獎學金了，只要那邊一開學，我就要出國……。」

老闆一聽變了臉色，立刻冷笑對那位朋友說道：

「難道我們花了錢培養你，你竟然毫不知惜，想走就走，也不替我們想想那筆錢花得多冤枉；只顧自己，不顧別人。我們是間小公司，留不住大人物，你的前程遠大，我們不敢太委屈你……。」

結果可想而知，不但沒被錄用，反而被挖苦一頓，真是少不更事，對面談要領一片空白，可嘆！也可惜。

十多年前，一位老同學在台灣經商失敗，匆匆逃來洛杉磯，身上攜款不多，待了幾天便去郊外幾家工廠找事做。依照本地習慣，工廠的每種作業都有專人專職，且得有經驗。他問過許多家工廠都敗興回來，因為對方都問他說：

「你會什麼工作？」

「我什麼都會做。」那位同學毅然答說，意謂自己肯吃苦耐勞，不嫌什麼作業，但憑老闆吩咐就是了。

然而，對方一聽非常納悶，不禁反問說：

「啊！你是全能？什麼都會做嗎？」

原來，美國老闆的解讀另有一套，什麼都會即是什麼都不會，沒有專長，也毫無經驗，工廠當然不僱他用了。

基本上，老闆要僱用對公司有利的人，而自己要掌握對方需要什麼方面配合，就竭力往這方面強調，同時，也不妨客氣地指出對方的缺失，提供些改善策略……。當然，這些先要搜集資料，稍作準備，即「知己知彼，百戰百勝。」別說經營要活用這條戰法，連初次面談也派得上用場。

俗話說：「薑是老的辣」，經過幾次歷練，包括失敗經驗，對以後任何面談都絕對管用，失望後不要灰心呀！

3．先上班，再創業

當個上班族好不好呢?這是見仁見智，或個人的人生觀問題，我不想費筆墨來討論。

有人為了開創自己的事業，累積些資本、經驗、知識、資料和人脈，便先去吃人「頭路」，當個上班族，看盡老闆的臉色，聽從主管的官腔也無悔無怨，所謂「小不忍則亂大謀」、「登高必自卑」者也。放眼國內外許多新一代、老一代的企業家，在各行各業出盡風頭，若問起以前的出身，恐怕有太多是這類人物，離職後自己創業，直到奮鬥成功，而上班那幾年無異一段極寶貴和極必要的學習期。

我有一位堂弟在台北市開一間頗具規模的貿易行，進出口百貨，輸入化粧品、高級服裝、皮鞋和化學原料等，種類繁多；而又輸出國內的電燈泡和五金類，洋洋大觀，員工四十幾位、想當年他服兵役回來，出身公務員家庭，沒有商場的歷練，手上也無資本，但是，他一直希望做國際貿易，於是，他先到一間成衣出口商當僱員，薪水微薄，三年後，又設法去一家外商公司做進口，大約也待了五年，這樣前後接受了八年的上班族洗禮，不但有了儲蓄和經驗，更有寶貴與可用的人脈──國內外的客戶資料，工廠品牌名稱和個人信用等，之後才毅然離職，全心投入自行創業的戰鬥。

日本一位行銷專家也說：「如果手上沒有二百枚可用的名片，奉勸你休想出來創業，還是乖乖當上班族吧！」我想，堂弟也肯定領悟了這句話。不去職場實習，一味自己摸索會很浪費時間和精神，先當個上班族不會錯的。

一位H先生有高工畢業的學歷，考進電力公司當稽查員，整天往外跑，到管轄區各家工廠去查核，因而結識不少企業家，且成了莫逆之交，後來，H得到其中幾位老闆的熱心協助，有了相當的人脈關係和資金支援，不到退休便離職開一間塑膠廠，如願脫離上班的行列。

鄰居有一位邱老師大學數學系畢業，在一所私立中學任教，因他熟悉升學考題的解答，深受學生們的擁護，結果教了十年書，覺得天天規定時間上學授課非常厭煩，不如開一間補習班算啦，經過一番詳細規劃，終於不再天天上班授課，而當了補習班老闆。

由此看來，先選定某個適材適用的職務，決心接受磨練，從觀念、知識、才能，甚至人生觀方面也接受洗禮，讓自己的一切先做某種程度的調適，之後再離開上班族的職場去創業比較合理妥當。俗話說「生意子難養」，點出天生經營者難尋。

同理，修禪證悟也要經過一番正確修行，工夫到家才能悟道，世間罕見像六祖惠能大師那樣，乍聞『金剛經』便能恍然大悟的人，但他也照樣到黃梅山弘忍大師座下修行，何況慧根淺薄的凡夫俗子，還是先探訪名師，跟同修們彼此切磋，增進心得，反之，一味自己盲修瞎練，便易走火入魔，下則公案是很好的啟發，有師父，有同修，正是個好道場，工夫深了就像水到渠成，豈有證不到果位之理：

那位來自印度的達摩祖師，一天，召集徒眾問道：

「各位仁者參禪至今，何不各言所得呢？」

道副禪師說：「依弟子所見，修禪人既不能執著文字，但也不該丟掉文字，因為文字是入道的工具。」

達摩祖師聽了說道：「你得到我的皮。」

一位比丘尼叫做總持禪師說道：「依我的淺見，如慶喜之見阿閦佛國，一見便不再見。」

此則典故來自阿難尊者當初見到阿閦佛國，他只要看一次，就不要再見了，因為他就全心肯定，相信不疑。這意謂禪修入門之後，就不再去分別與質疑。

達摩祖師聽了說道：「你得到我的肉。」

另一位道清禪師說道：「四大皆空，五蘊非有，依我所見，整個有為法，沒有一法存在。」

達摩祖師說：「你得到我的骨。」

最後輪到了慧可禪師，他走到達摩祖師座前，先向祖師行個禮，而後站在原來的位子上，默不作聲。

這時候，達摩祖師不禁歡喜讚嘆說：「你得到我的髓。」顯然，祖師的意思說，慧可禪師真正領悟了達摩祖師的禪法。

※　※

倘若慧可禪師不在達摩祖師座下精進修煉，早晚蒙明師指點，很可能成為另一種人物；除了他的慧根不錯，良師益友的激發也功不可沒。

同理，上班族不乏英雄好漢，各種專材，只因人各有志，有些寧願一輩子拿薪水，平平安安，而有些另有所圖，限於創業因緣不成熟，才先來上班幾年，知道事情有輕重緩急，故要按步就班去完成。

4·不懼不避試用期

現在許多私人機關都流行「試用期」制度，顯然，在這段期內，勞資雙方都心懷鬼胎，彼此窺視對方的真面貌。通常試用期有半年或兩三個月，此時待遇很低，等於臨時工性質，這一點雙方心知肚明，試用期扮演關鍵性意義。

有人失業好長一段日子，一旦被某家公司賞識，以為從此有了工作，不愁衣食，誰知公司卻說：「要先試用三個月。」

乍聞「試用」兩字，不禁失望與驚訝極了。這個表示公司還不確定錄用自己，只想考驗一下自己，說不定這段期間表現令公司失望，那麼，又要另謀出路，重新找起，暫時淪為失業的丐幫……。

沒錯，公司不會只看一份簡歷表，或僅憑外表談吐，以為某人簡單一封介紹函，就非錄用不可；反之，公司還會觀察當事人的實際表現，看看有無能力，這是絕對必要的，任何上軌道的公司都會如此，因為有人擅長考試，也能言善道，很會耍嘴皮子，甚至裝模作樣，其實沒什麼本事，也不肯吃苦耐勞，這一來，公司當然不能用，免得「請神容易，送神難」，將來雙方都很尷尬……。

事實上，這樣對雙方都有好處，勞資雙方不妨趁這段期間，好好觀察和了解對方，彼此互作調整，看看能不能取得共識？如果勞方發現公司不健全，例如財務、生產、人事、產品、市場等任何方面有沈疴，欲振乏力，沒有什麼前途，就不該留下來浪費青春，待試用期一過，就不必留戀了。

我認識一位晚輩H先生大學畢業後，到一家電腦公司上班，雙方一開始談妥前三個月為試用期，彼此沒有永久約束力，H先生也只能領到半薪。在試用期內，公司或明或暗都在測試H，窺視他的品性、能力和耐性。

不料，H先生卻發現這家公司的宣傳單上寫得言過其實，自己談不上什麼能力，只不過向別人買進各種電腦零件、東拼西湊，改裝成另一樣產品推銷，說穿了等於偷竊行為，也違反智慧財產權，說不定那天被消費者發現，告到法院時，肯定要吃官司，那時，自己也不可能沒事；他發覺即使公司待遇不錯，無如，各種評估結果很不妙，沒等到試用期滿，他就藉故辭職了。最後，他才找到一家各種條件都比較完整的公司待下來。

在這方面，美國公司表現更為乾脆，通常，老闆或負責單位都有專業的鑑別能力，新進人員有沒有實質本事，只要兩三天，或者一兩週就一清二楚，不管由誰介紹過來，或有什麼輝煌的學歷，馬上叫你明天不必來了，雙方就此打住。所謂試用期也僅此而已，乾淨俐落，作風明快。

參禪領悟的事也很奇怪，很特殊，能否開悟證道全看因緣，有時跟隨那位名師參學不得究竟，反而從另一位默默無聞的師父處得到受用，證到菩提，說來真不可思議。

龍牙山的居遁禪師，為求大徹大悟，就誠誠懇懇地到終南山翠微禪師處參禪，一住多月，均來蒙翠微禪師召見開示，一天，他鼓起勇氣，走進法堂問道：

「學僧自到禪師座上參修以來，殿堂隨眾，進進出出，不蒙開示一法，不知為什麼？」

翠微禪師不在意地反問道：「嫌什麼？」

居遁因得不到要領，只好告別翠微禪師，就前往德山親近宣鑑禪師，又經多日，請示宣鑑禪師道：

「學人早就心儀德山的一句佛法。但我已來了多日，事實上身在此處，卻也得不到禪師一句佛法。」

德山禪師好像跟翠微禪師約好一樣，回答道：「嫌什麼？」

這兩位宗師所答均不謀而合，居遁不得已又轉往洞山良價禪師處參學。一天問道：「佛法緊要處，乞師一言。」

洞山禪師直截了當地告訴他道：「等洞水逆流的時候，再向你說好了。」

龍牙居遁禪師於此言下大悟。

（錄自『星雲禪話』第一集）

※　　※

修禪者來訪西尋，不得要領，只要不灰心，終能得道開悟。同理，上班族不在乎試用期通不過，一試二試和三試，終會有理想地方上班。

5．幹小工，大受用

我住在台北永和市那幾年，鄰居G先生擁有某私立大學企管碩士學位，他離開學校不久，就應徵到附近一家新公司上班，因為他貪圖上班地點離家近，騎摩托車不到一刻鐘，每天不必擁擠在車輛川流不息的永和中正大橋上，可以省下足夠時間休息，而寧願不去較遠的台北市另一間大公司，可見G先生的考量與選擇是有道理的，不像一般人嚮往大公司的名銜與待遇。

其實G先生服務的公司是一間極小型的電腦零件經銷商，成立不到一年，員工總共不到十人，老闆也是三十出頭的精明小夥子，這裡彷彿一個大家庭。

據說G先生剛去那幾年非常艱辛，經常坐在倉庫地上鑑別產品，搬箱倒櫃，有時還要兼工友打掃，貨車來了幫忙卸貨，這段時間壓根先也用不上本行知識，枉費他在研究所熟讀一大堆的英文最新書；一想到此，他就忍不住煩躁起來，甚至有些悔不當初，只因當年除了近距離的誘惑外，薪水也跟大公司差不多，這家公司雖小，可能更有發展潛力，說不定公司成長起來，自己沒有功勞亦有苦勞，成了開國元勳，難道會不受尊重嗎?

每當G先生沈不住氣，開始心動懊悔時，一位學長就勸告他說道：「別看自己的公司小，每個人要幹好幾種事，表面上吃大虧，其實不做一事，就不長一智。惟有這樣事事參與，你才知道公司要怎麼經營?你學的經營知識應該怎樣用法?若不，恐怕你連指揮部下都有問題!你知道軍隊裡，所有將軍和指揮官都是小兵當起，軍校畢業也要從小官幹起，經由各種磨練。參與無數戰役，累積許多功勞，才有擔當大局的勇氣和智慧……。」

G先生聽了才沈得住氣，死心蹋地接受小工的磨練，暫時把自己的碩士學歷拋開，否則，一想到學經歷跟眼前職務不搭配就心煩。八、九年後，公司果然成長為中型企業了。不消說，G先生也由當年的小職員，逐漸升為組長、課長和副理，儼然成了老闆的心腹和左右手，一旦老闆出國，就由G指揮大局，決定大計了。

其實，禪者也要從卑賤作業，苦役勞作中身體力行，磨勵意志。六祖惠能當初到黃梅山，也曾劈木柴，踏舂米碓，長達八個多月，之後才得到五祖的衣缽傳承，成為六祖。再讀下則禪話也能悟出相似的智慧，拿來活用在本題裡，這可讓剛剛出道的上班族三思、再三思。

唐朝有一位宰相叫做裴休，也是虔誠佛教徒，他的兒子裴文德，年紀輕輕就中了狀元，皇帝封他為翰林，但是，裴休不希望兒子這麼早就飛黃騰達，少年當官。因此就把他送到寺院裡修行參學，並要他先從苦工上的水頭和火頭做起。

這位少年得志的翰林學士，天天在寺院裡挑水砍柴，弄得身心疲累，而且煩惱不堪，滿口嘀咕，埋怨父親狠心送自己到這深山古寺做牛做馬，奈因父命難違，只好強自忍受，一天，他終於忍無可忍地發出牢騷說：

「翰林擔水汗淋腰，和尚吃了怎能消？」

寺裡住持無德禪師剛巧聽到，不禁一笑，也誦出兩句禪偈回答：

「老僧一炷香，能消萬劫糧。」

裴文德嚇一大跳，再也無悔無怨，甘心苦勞作役了。

公家機關有年功序列，和升等規範，即使經由考試進來，也要從最低層幹起，在私人公司沒有人事背景，但也不會一步登天，寄語初出茅蘆的上班族別忘「萬丈高樓平地起」，若不，既不能服眾，也學不到經驗，對自己未必有好處，也許會種下更多失誤的種子哩！

6·「誠實」為負責之本

記得我當小學教師的時候，老校長經常提醒老師們說：「教書是良心事業，不論我怎樣嚴格監視，也不能每個時辰都盯得住每位老師認真不認真？一切都要憑老師們自己的良心去教書。」

說真的，不僅當老師要這樣，其他各類作業的上班族也應該如此，那有老闆或主管時時刻刻都要監視你做每件事呢？雖說現在有電腦、電視可以控制許多人事到無微不至的地步，殊不知人腦還是比電腦強呀！若人真要偷懶取巧或暗中搗蛋，電腦、電視也莫可奈何，總有死角，或力所不逮之處。總的來說，憑良心做事最妥當最圓滿。

事實上，有些老闆氣量狹小，疑心病重，總愛管員工管得很嚴密，才顯自己的威風，有時甚至用科技遙控，或派人暗中監視，但是，也偏偏有些職工不吃這一套，反而愈要跟老闆鬥法，愈要反抗，讓對方暗中吃虧，這樣會失去結緣的意義，實在很不好，不值得倣效。

我的好友林先生在一家大飯店櫃台部服務，老闆怕他偷錢偷懶，或對顧客不禮貌，便在牆角安裝一台閉路電視嚴密搖控他，林先生心裡不高興，埋怨老闆太不尊重他的人格，憤怒之餘，刻意選擇閉路電視拍不到的死角搞小動作，林先生冷笑說：「我照樣有辦法為所欲為，如果老闆太不像話，最後吃虧是他，不是我。」

果真如此，從上班族的觀點說，應該體諒別人，也要尊重自己，本來勞資相處，或主管與部下都該推心置腹、相互信任，若要落實這一點，職工應以「誠實」為本，誠實與良心可以通用；做事唯誠唯實，怕他什麼閉路電視監督，或派人暗中打小報告？什麼都不必怕，即使作業偶有過失，不妨坦率認錯，反而比強辯推委更能取信於人，這一點無疑可在任何公私機構派得上用場。

記憶裡，我曾在台北一間傳播公司企劃部上班，有一次，市場調查需用台灣扶輪社、獅子會會員名冊，我先到處打聽，之後搭計程車前訪求借，費時好幾天才如願拿到手，其間，我若要趁機跟朋友去閒聊，或刻意去玩樂拖延，任誰也不知情，管不到，反正費用可以實報實消，但是，我卻比主管給我的期限幾乎快一半。

我想，這是誠實或良心處世待人的原則，不消說，老闆和主管也心知肚明，到底我有沒有負責和誠實！

誠實對禪者修行的重要非比尋常，有下則公案存證。（錄自『星雲禪話』第三集）

宋朝道楷禪師悟後，大闡禪門宗風，擔任過淨因寺、天寧寺的住持，名聞天下。一次，皇上派遣使者，頒贈一件紫衣袈裟，來褒揚他的聖德，並賜號定照禪師。

不料，禪師上表堅辭不受，皇上又令開封府的李孝壽親王來訪禪師，表明朝廷褒獎的美意，但禪師仍不領受。這一來觸怒了皇上，敕交州官收押。州官知道禪師仁厚忠誠，到達寺中時，私下悄悄問道：

「我看禪師身體虛弱，容貌憔悴，是不是生病呢？」

禪師答：「沒有。」

州官：「若說生病，就可免除違抗聖旨的懲罰。」

禪師：「沒病就沒病，怎可為求免於懲罰而詐病呢？」

州官無奈，遂將禪師貶送淄州，聞者皆流涕不已。

這不是愚誠，而是禪者執著誠實的風範，上班族應用這種態度盡忠職守才好。

7·上班族三恨事

我讀到一篇上班族心聲——「我的最恨」，充滿風趣、埋怨和無奈，恕我簡述於下：

第一恨事：每天早上被鬧鐘吵醒，因為全家都是夜貓子，晚上精神特別好，怎麼也不想上床早睡，致使次晨鬧鐘一響，內心一震，百般不願地從被窩裡爬出來，經過一番梳髮、洗臉和化粧，也胡亂吃了早餐，結果是無精打采地踏出大門了。

第二恨事：有時自己開車，路上在車隊裡衝鋒陷陣，若不開快，則怕遲到影響考績；若開快車，又怕被警察開罰單，甚至闖出大禍，後果會不設想。有時寧願搭公車或計程車，但是，車速完全受制於別人，坐在車上也怕耽誤時間，心情惡劣，難免影響到上班作業。

第三恨事：時間總是不夠用，下班趕著去接孩子，回來又要忙著弄晚餐，飯後必須監督兒女作功課，能夠悠閒看報的時間有限，東摸西摸又到該睡的時候，連想做點兒私事和嗜好的時間也抽不出來。

對治「第一恨」很簡單，只有早睡而已。俗話說：「早睡早起精神好。」若太晚睡又得早起，使睡眠量不夠，當然精神恍惚，長久也會損害身體。且聽道元禪師一句話：

「朝朝日東出，夜夜月西沈。

雞曉五更鳴，三年有一閏。」

這席話很值得玩味，點出天一亮就該起床，反之，月夜要趁機安眠，不要拖延休憩時刻。

還有一本禪集『五燈會元』也指出：「雪消山嶽露、日出海天清。」意指太陽冉冉上升，放出萬道光芒，就是迎接挑戰的時刻，心靈應該清淨起來；當然，夜晚的夢境也似冰雪在消融，一去不再有，同時要隨著白天工作的節拍動作起來，才是每天生活的自然面貌。

對治「第二恨」靠鎮定沈著和膽大心細。現代上班族不必走路了，不是自己開車，便是搭捷運、公車和計程車。若是前者，一定要在萬車鑽動中保持冷靜，守法守禮，否則容易出差錯，不僅誤了自己，也會妨害別人，所以急不得，脾氣也不要爆躁，且聽日本快川紹喜禪師一首膾炙人口的詩偈：「安禪不必須山水，滅卻心頭火自涼。」他即使面對眼前熊熊烈火也能泰然自若，不慌不忙，難道開車人不該倣效這種心境嗎？上下班坐在捷運、公車或計程車上，也不妨想想百丈禪師「獨坐大雄峰」的禪偈，內心便能升起一股暖意。不論置身何處，有了這個意境，便能出奇地定下心來。

一僧問百丈禪師說：「如何是奇特事？」（指禪的精神）

百丈禪師只答說：「獨坐大雄峰。」

那僧豁然開悟，禮拜而去。

對治「第三恨」事，靠時間的控制，每天二十四個小時是已知的事實，不增不減；倘若控制不當，就會手忙腳亂，做什麼事也會緊張，且做不好。『普燈錄』這本禪集說：「夜眠、日走。」這是自然律，什麼時候該做什麼事，就作什麼事，日出而作、日落而息。對萬物來說，夜間按時睡眠，日間一定工作，竭盡本份才是人生的幸福。

上班族的作業時間不允許自己任意更動，只有死心把它擺在一邊，其餘方屬自己的時間，一天忙碌下來，餘暇極有限，若要善加利用，就不要推拖拉扯，抓不住重點。若能徹底領悟這些禪機，便不難化解上班族的最恨事。

8·職場即道場

上班族每天相聚一起，共同為公司的目標打拼，可說「憂樂與共」因緣難得，正如日本茶道大師千利休的茶道精神——「一期一度茶會」，無奈，這樣也未必能令每位上班族歡喜，或相親相愛，他們反而漠視這段同事緣與朋友緣，說來很可嘆，亦很可惜。

因為人生的大部份時間都得工作，一生的青春和精力都要在職場內發揮淋漓盡致，所以，職場即道場是不能否認的事實。若懂得禪修，那麼，那裡也是他（她）修禪、打坐和成道的地方，更不能等閒視之。

通常，辦公室或公司裡都有許多異性同事，年輕人在適婚年齡談戀愛是天經地義，但有些已婚者，有兒有女，卻也不甘寂寞，近水樓台會日久生情，結果演出了所謂午宴等婚外情，這顯然違反「不邪淫戒」，也是禪修的大忌，有人嗜好杯中物，若不知自愛和節制，就容易結伴去喝酒或上酒家，既傷身體，也費錢財，無疑違反另一種禪戒——「不飲酒戒」。

有人巴結主管，而暗中送禮，一面竭盡諛媚能事，但背後又說主管的壞話，也完全不符合誠實原則，而是妄語戒的標準叛徒……，只有在職場遵守禪修諸戒，才能成為模範上班族。

不懂禪修的人，總以為在深山樹林下，或寺廟等清淨道場才能坐禪，才會領悟，其實不然，試問工商社會人人忙碌，大家都要上班做事，誰有充裕時間去那裡坐禪修行呢？最務實的方法，莫過於中午休憩，或任何方便時間內，靜靜地稍坐片刻，閉目養神，讓心定下來，也能使精神振作，幹勁恢復起來，這跟禪座的樂趣與功效一樣，不妨經常實踐。

辦公室內作業繁雜，接觸人物形形色色，碰到挫折說不盡，苦惱也層出不窮，這種煎熬逃也逃不掉，若懂得禪道智慧，就能迎刃而解，比較好過日子。

有句禪話說：「動中工夫，靜中工夫」，工夫是指坐禪。意指上班族雖然作業、或勞動，但在這動作中也能坐禪。換句話說，作業與坐禪的心境可以相同。

例如：編輯人員在寫稿，別看他手上的筆桿不停地搖動，思潮洶湧，的確很賣力，殊不知他也有靜的工夫，若非心靜，怎能出現敏捷澎湃的文思呢？

作業出差錯，會挨主管與老闆的責罵，這時，心情肯定很惡劣，脾氣會特別不好，也容易得罪人，若能修到心不被境轉，就會像老僧入定，照樣能以平常心辦事，工作效率不受影響。

在公司裡，修「定」的工夫比什麼都重要，否則就會「忙中有錯」，績效也可想而知了。

道元禪師臨終前，從坐禪中起身舒展幾下筋骨，只在屋內來回踱步幾趟，說道：「是處即道場。」意謂當下就是道場，認真工作就是修禪，就是證悟，而不是在禪堂打坐，一言不發才算修禪。

還有圜悟克勤禪師也吐露一句膾炙人口的禪機：「看腳下。」這也開示世人不要好高鶩遠，而忽視眼前的場所，這個場所即是上班族的職場，它跟道場可以劃上等號，好好修持吧！

9・福利享受認識正確

上班族所以不想跳槽，而寧願待到退休，理由當然不少，但其中一項恐怕是蠻重要的，那是員工福利了。

這是上班族很在意的，是有不尋常的向心力或內聚力，福利好能網羅許多精英與忠貞份子，讓他們心甘情願為公司效勞到退休，且引以為榮。

例如，日本有些大商社的職員到外地出差可住五星級飯店，一切費用全由自己簽字，公司授權認可，讓員工得到很大滿足。台灣新竹科學園區有一家台積電公司，是國內股票市場的王牌，據說該公司將盈餘三分之一以股票方式給員工做福利，應徵者趨之若鶩。美國有一家金斯頓公司也因員工福利優厚，而聲名大噪，來自全美各地的求職信長期不斷。

在美國這樣講究人權的社會，福利慳吝容易引起工會抗議，導致員工罷工，最後一定雙方都受損，例如，前幾年美國聯合包裹公司（ＵＰＳ）因為大罷工，頓使全國包裹運輸大亂，為期十五天，勞資雙方的損失重大，資方每週損失三億元收入，終於答應勞方要求增加「全時工作」和「員工退休福利」的保障，這兩大爭執不下的員工要求獲致解決。起薪每小時增加了五角。

依業情研判，員工福利不外婚喪喜慶，公司有些表示，偶爾有國內的旅行招待，逢年過節也能意思一番；還有生病住院、健康保險、年終獎金、退休金等不可少，甚至買房子或大型購物也有優惠利率……，諸如此類都是員工們的最愛與最樂。

市場變化多端，任何公司都難料虧損，有時不幸如此，自然沒有福利可享。這時候，員工們自不宜食髓知味，提出太多要求，須知皮之不存，毛將焉附？公司活不下去，自己飯碗也保不住，還有什麼好求？雖說公司福利多多益善，但應認清大局，適可而止，甚至可跟公司共患難，待難關一過，再談福利不好嗎？

下則公案很有意思，認真讀後，必能得到啟發。

佛陀住世時，有一名婆羅門叫做黑指，一天，他來到佛陀座前，刻意用神通讓雙手多出兩個花瓶，因為他想將這兩個花瓶奉獻給佛陀，也想請佛陀說法。

當佛陀目睹黑指婆羅門時，就說一聲：「放下。」

黑指婆羅門一聽，以為佛陀叫自己放下花瓶，就先將左手上一個花瓶放下來。之後，佛陀又說：「放下。」

黑指婆羅門聽了以為佛陀要自己放下另一個花瓶，所以又把右手的花瓶放下來。

不料，佛陀又對他說：「放下。」

這時，黑指婆羅門不禁迷惑地問說：

「我已經放下兩個花瓶了，現在雙手空空，不知佛陀還要我放下什麼呢？」

佛陀就說道：「我叫你放下，不是叫你放下花瓶，而是要你放下你的六根、六塵和六識。當你把塵都能放下時，你就再也沒有什麼對待和分別了，這樣才能從生死的桎梏中解脫出來。」

黑指婆羅門一聽才知曉佛陀的意思，同時明白放下的意義。

人一旦有過什麼，就容易執迷或留戀，即使失去也仍懷念不已，其實要放下，放得下眼前無法得到的。上班族對福利的概念亦應如此，有固然可喜，無亦不可悲，信受這項原則，才能待到退休。

10．發揮「精益求精」的禪修精神

我早年住在新竹縣家鄉，經常聽到鄰居們說：「鄉公所上班真好命，整天坐著看報紙，喝茶聊天，難得辦幾件公文，且從鄉長到工友都是本鄉人，誰也不敢得罪誰呀！」

沒錯，我偶爾也去鄉公所，一進門承受幾十隻眼光注射，原因正是當年鄉間人口稀少，無事也不願上衙門，當然，這就使鄉公所沒那麼多事好辦，職員好不容易看見陌生人進來，立刻有志一同抬頭望著對方。因此，不難想像那種職場一定缺乏幹勁，生機也不會蓬勃，反正沒什麼事嘛，一天過一天，等著退休算啦！

然而現在台灣人口增多，幾乎到處人滿為患，昔日門前冷落的衙門也改觀了，那些職員也不可能無事可做，坐著領薪餉了吧！

反觀所有私人機構可沒有這樣悠閒，縱使不像美國公司那樣分秒必爭，計較工作效率，但也絕對不會一直保持現狀，墨守成規。

例如有一次，我到台北市新光企業大樓訪友，一進辦公室就目睹幾個大字：「保持現狀，就是落伍」，可見現代企業精神也不忽視時代潮流，勇於追求新觀念和新思想了。其實，這就是「精益求精的工作態度，也是現代上班族應有的認知。談到這兒，不禁想起一句膾炙人口的禪說：

石霜和尚問道：

「從百尺竹竿的前端（悟道的境界）要怎樣前進呢？」

古德長沙禪師答道：

「佇留在悟道境界的人，雖悟道了，但誰大徹大悟還有一段路，如果再往前進，那他在世俗人間就會顯現全身。」（『無門關』第四十六則）

其實，任何公司的職工，若不能將這句禪修精髓運用在作業上，必不能讓自己的企業存活在劇烈的競爭中。例如，鼎鼎大名的日本豐田汽車公司，是一間世界級的大企業，他們的職工不時自勉要製造「零缺點」的豐田車，意謂要造出完美無缺的貨品來獨霸全球市場。基於這項信念，該公司全體上班族無不戰戰兢兢，埋頭苦幹，落實「百尺竿頭，再進一步」的秘訣。於是，許多部門儘量採用機器人作業。一則減低人工的諸多麻煩；二則加強精密度與品質水準；三則縮短工作流程；四則增加產量……。可見該公司正領悟了這則禪的智慧。

傳統上，衙門辦事一向顢頇，只知墨守老規矩，要求他們作業精益求精，簡直與虎謀皮，儘管上級一再命令，也未必有實質效果。挑戰觀念跟「鐵飯碗」的做事態度背道而馳，誰也不願製造緊張來自找麻煩呀！也許情況沒這樣悲觀，有些公家機關還是逐步推行，另外也因人而異，少許上班族也沒那樣不長進、自甘落後……。

我每天讀到報紙的工商消息，都不禁百感交集，總會發現若干家公司開張和關門，生存競爭，商場如戰場，果然不是誇大之辭，公司關門當然有其因緣，但其中有一項致命傷，是違背「百尺竿頭、更進一步」的原則，陷入「保持現狀，即是落伍」的失誤而不能自救。

記得那年我到一家新成立的電視公司業務部上班，因為一切要從新開始，業務員面對其他兩家基礎深厚，業務欣欣向榮的同業競爭，壓力非常沈重，而我負責市場調查更是首當其衝，必須提供業務員有用的情報。俗話說，兵家勝敗靠情報，業務員推銷節目之前，非靠確實的市場資訊不可。於是，我如履薄冰，天天動腦筋去搜集廣告代理商和客戶名單，之後覺得還不夠，又透過各種管道找到那些廠商的貨品名稱、推出日期，及廣告全額。

總之，我整天在整理、過濾、分析和編排各種市場資訊給業務員衝刺。果然，上天不負苦心人，我的辛苦付出有了代價，公司營業額一年半載就脫穎而出，三年後扶搖直上。這一來，從總經理到員工都皆大歡喜，而今回想當年的往事，我仍然覺得非常得意……。

水往下流，人往上爬，都是天經地義，無可厚非，如在公司沒有人事背景，那只有靠自己特殊表現了。要怎樣表現呢？不外比別人加倍努力，凸顯自己的業績，而這正是上則禪話的要旨——「百尺竿頭求進步」。

禪門大德雲遊各地，尋師訪道是很平常的事。例如宋朝有位日本的道元禪師渡海到中國，走遍諸山，終於在天龍山幸遇如淨禪師，悟得身心脫落的智慧。他說：「尋師訪道，有梯山航海。尋導師、求知識，從天降下也。」

這意謂上班族要隨時追求進步、吸收新資訊和新觀念，才不會固步自封，死氣沈沈。任何一種作業都有它的專門領域與知識，那麼，隨時參考同行的改革與進步，從中吸收有利於自己的東西非常必要。現代電子網路四通八達，沒有國界束縛，簡直無遠弗屆，只要平時多留心和關懷有用的情報，那就隨時能夠分享最新與有用的資訊了。

在這個資訊化的職業環境，電腦成為辦公室內的重要工具，上班族要會電腦軟體操作之外，對硬體也應有起碼的了解。原因是，一旦電腦有故障，就會先檢驗一下硬體有無問題？若有，或問題不大，不妨自己動手解決，或送修時，向修理人提供意見，可以不浪費時間。若要增添新電腦配備，也能向主管提供好建議。

本來，電腦硬體是專家的事，一般上班族不需要太了解，只要會用軟體就行，奈因電腦硬體不斷進步，功能多樣化，若能善用各類硬體，會增加工作效率。

現代上班族除了閱讀專業報章雜誌、多聽錄音帶，也要吸收豐富的常識，增廣見聞的方式，也不妨利用假期出國考察，所謂「活到老、學到老」，一天不離開上班族，那就永遠要吸收自己的專業知識。

何況，現在的新知識到處氾濫、看不盡、用不完，千萬別關在房門裡，只待在座位上胡思亂想，而跳不出舊框框呀！

11·環境髒，效率低

殖民地時代，據說上海的公園由外國人規定「禁止中國人和狗進入」，原因之一，恐怕是中國人不愛清潔，會將乾淨的公園弄骯髒。乍見下，的確讓國人憤慨，但平心而論，國人的髒亂惡癖也揚名四海。例如，不久前報載台灣一年平均的垃圾製造量有八百七十萬公噸，若鋪在全島上，可以厚達一公尺七十公分，而資源回收率只有百分之三，比起以髒亂馳名的美國紐約市的百分之四十上回收率相差極遠，實在要反省和慚愧。

這樣龐大的垃圾產量，國內人人有份，任何公私機關當然不例外。每間辦公室每天一定有各類廢紙、塑膠袋和雜物，通常這些都有剩餘價值，可作資源回收與再用，上班族應該減少這方面的產量，好作為積極環保的一員。

辦公室是上班族整天勞心勞力之處，少說也待上八個時辰以上，它對生活的重要性可與「自己的窩——家庭」相提並論，而毫不遜色。若肯把辦公室保持清潔，同樣讓作業員舒適，享受「賓至如歸」之感。尤其帶來意想不到的效果，例如精神好使人歡喜作業，事半功倍。反之，桌面亂七八槽，牆角平時藏污納垢，則會發出臭氣，影響人的心緒。結果，產生的負作用，一言難盡。

現代人耳熟能詳環境髒亂不合衛生，也是傳染病的根源。自古至今，不論印度的佛教精舍、或中國寺廟，都打掃乾淨，佛堂內外一絲不染，所有去過寺廟的人，不論是不是佛教徒都會為之讚嘆，佛門清淨不但指心境，也包括現實環境。

誠如星雲大師說：「一個人如果不把生活照顧好，禪要我們安住在什麼地方呢？碗不洗、地不掃，生活問題都不能解決，生死的問題又怎能解決呢？」

再讀一首禪詩：「粥罷令教洗缽盂，豁然心地自相符；而今參飽叢林客，且道其間有悟無。」可見修禪多麼重視環境衛生。

下則禪話也很符合題旨的佐證：

一位初學的年輕學僧，要想到叢林裡面學禪，他去請教趙州禪師說道：「我是剛入佛門的求道者，誠懇央求禪師給我些特別指引，好讓我順利覺悟禪機。」

趙州禪師聽了二話不說，只問他：「你吃過飯了嗎？」

那位年輕學僧師即刻答道：「謝謝，我用過了。」

趙州禪師又問他說：「你若吃完飯了，快去把自己的碗盤洗乾淨吧。」

這位年輕學僧片刻之後，又來稟告趙州禪師說：「我已經把碗盤都洗好了。」

趙州禪師又吩咐他說：「你去把地面掃乾淨吧！」

那位學僧很氣餒地問道：「我來參禪修道，難道除了洗碗掃地以外，老師就沒有別的禪法教我嗎？」

趙州禪師很嚴肅地回答說：「除了洗碗掃地，我委實不知此外還有什麼叫做禪法。」

早年我國著名學者胡適先生，擔任中研院院長時期，一位朋友到他的辦公室造訪回來，不禁嘆說：「連自己的書桌都整理不好，怎能把國家治理好呢？」原來胡適博士也曾經要出馬競選總統，才引人這樣譏笑。同理，一位上班族若連自己桌上文件和紙筆都亂七八糟，也可以想像他的作業習慣，他工作績效亦差不多如此吧！

順便一提辦公室的佈置不得疏忽，這是整齊清潔以外的進一步提升，不妨用心裝飾一下牆壁或周邊的懸掛物，除去太刺眼和太深色之物，而改用柔和和美感的調配。桌子高低要適當、冷氣裝置不可缺，甚至洗手間也不妨放些芳香劑、除臭劑或鮮花。

髒亂的周圍環境會給外人惡劣的印象，並可說帶來許多意外的逆違，希望上班族小心才是。所謂現代文明，內容見仁見智，但肯定包括環境衛生在內，這是現代上班族最起碼的常識，千萬別掉以輕心。

12．開會圓滿，自有秘訣

有人譏笑，台灣公家機關的開會最多，但收穫甚少，且失開會的意義，甚至開出許多笑話。

以前，我當小學教師，早上匆匆趕去教師晨會，放學後又要夕會，而每次開會都聽校長一個人高談闊論，教師們成了無辜的聽眾。現在開會時，主管們也愛讓部下疲勞轟炸，開場白佔了大半時間。在討論時，主管也很霸道，自己對某項問題早有定見，即使部屬紛紛發言，各抒己見，主管也不太肯接受，甚至聽不進去，更遑論批評。

我的好友王先生在台灣北部一家建教合作的工專任職，有一次開會，由董事長親臨主持，那位董事長是全國知名企業家，幾乎有「經營之神」的美譽，會議開始，聽完董事長的開場白兼訓話後，接著又聽到董事長問道：「有意見嗎？」因為王先生剛自研究所畢業，沒有社會經驗，昧於人間的虛虛實實，竟然天真地提出反駁意見，不知怎地，你一言我一句，就跟董事長爭論起來，王先生自以為理直氣壯，就毫不相讓。這一來，董事長不禁厲聲斥呵說：「年輕人怎麼有那麼多意見？不料，王先生立刻反唇相譏說：「開會本來就要讓人發表意見嘛！」結果雙方鬧得很不愉快，王先生只教了一學期，就憤而離職了。

誠如上述，許多開會，常常淪為主管個人的意見發表會，把早已擬定的意見，當作結論向部下宣佈而已，象徵意義大於實質意義，美其名把這項結論說成開會得到的共識，其實天知道！因為會議經常這樣，沒有什麼價值，致使部下不太認真聽，遑論更熱烈的討論!?所以談不上是真正的民主會議。

更糟的是，連開會最基本的原理——少數服從多數，多數尊重少數——完全做不到。例如有一次，中研院院長李遠哲很感慨地說：「二十個美國人開會前有二十種意見，開完會後，會得到一種意見——結論；但二十個台灣人開會前有二十種意見，開完會後，仍然有二十種意見，沒有結論。」所謂「會而不決」或「不歡而散」，當如是也。難怪立法院的打架層出不窮，進度也很慢，原因也是如此。

會場上，包接主管或主持人在內，都應該閒話少說，不要離題，誠如道元禪師所說：「有時一句，坐斷天下人舌頭。」意謂談吐要言簡意賅，不要沒完沒了，說老半天，還不知所云，這樣等於戲論，不說也罷。

日本總持寺的開山和尚為螢山禪師也說過：「逢茶喫茶，逢飯喫飯。」意謂人面對問題，不論思考或說話，都要乾淨俐落，有話直說，針對問題表示意見就夠了，其他都是多餘，或畫蛇添足！

說話不要太尖銳對事不對人，有意見要當場發表，不要事後批評和怨言，這就等於禪法心要得靠「有語中無語，無語中有語」。意指不得體的話，不要輕易說出，開口以前，要三思自己的意見是偏執或私利？記得靈君禪師曾說：

「行時無說話，說時無行路，不說不行合行什麼路？」

這也意謂說話要徹底，實行也要徹底，在開口之前也要思考徹底，不要胡言妄語，不經大腦像脫口秀一樣。

佛教史上有一則膾炙人口「三藏結集」，那是佛經存在和傳承的重要關鍵，因為佛陀入涅槃後，大迦葉尊者為了要整理和綜合佛陀的教法，便挑選一千位對佛法領悟有心得的佛弟子，在王舍城開會，召集人兼主持人是佛弟子大迦葉，他用天眼通仔細觀察一千位參與者裡，只有阿難一位尚未斷盡煩惱，沒有資格參加會議，於是，就把阿難從團隊中拉出來說道：

「現在眾集許多清淨之士，打算結集經藏，只有你尚未斷盡煩惱，沒有資格參加，不許你坐在這兒。」

阿難聽了羞愧之餘，悲憤交集，心想：「我服侍世尊長達二十五年，也從未嚐過這種煩惱。」於是向大迦葉抗辯說：「我有充份能力可以證悟，因為要服侍世尊才暫時留下一些煩惱，不曾全部斷盡。」

但是，大迦葉逐一提出阿難服侍世尊期間，有過許多罪行，阿難不甘示弱，據理為自己辯解，最後還是被主持人大迦葉逐出會場，並毫不客氣地提醒阿難，除非他真正證悟了，否則休想回來開會。

後來，阿難一再精進修持，果然開悟證道了。大迦葉實踐諾言，才讓阿難參與結集會議。且讓他擔任主持人的職位，之後，阿難不負眾望，完成了一次非比尋常的佛教徒會議。

還有一位優波離長老也是佛弟子之一，在佛戒方面修行最好，也最有心得，在會場上被公推出來主持佛教的戒律討論，也成功地完成了會議的目的。

總之，會議主持人要有接受不同意見的雅量，且不能徇私、偏袒任何一方，例如大迦葉與阿難都是佛弟子，師兄弟的情誼非同小可，照理說一開始就可以讓阿難參加會議才好，但他鐵面無私，秉公執正，之後照樣讓阿難走入會場，而阿難既是佛陀的堂弟，又曾長期服侍佛陀，在教團的重要性與聲望亦不亞於大迦葉，無如，他也能做到「恭敬不如從命」，離開會場後再努力精進，結果如願返回會場，圓滿完成這次重要的結集，實在功德很大。

會議是「民主」的重要一環，專制的機關團體不需要「開會」，主持人一言堂等於結論，但卻忘了「三個臭皮匠，勝於一個諸葛亮」。

人非萬能，彷佛尺有所短、寸有所長，開會有見仁見智的意見，主管若明白這一點，才能得到開會以後的共識，就是最好的結論。主管和部屬善意與熱烈的雙向溝通才算會議的成功。敬盼現代上班族開會前要三思這幾點。

13·當上主管怎麼辦？

在一個機關團體裡，有人說：「人不重要，位子才重要。」這句話未必正確，也看怎樣解讀，或解讀動機何在？若是阿斗型的主管，權勢、地位來自家族傳襲、或上級指派，在眼前這個時代，恐怕他不會幹得很出色，枉費他擁有這麼好的地位和職務。所以，人的因素不能等閒，當主管要有料，上班族每天早出晚歸，默默苦幹，幾乎都從基層幹起，巴不得有一天能當上主管；這時候，職權有了、薪水提升了，也希望從此扶搖直上……這是人之常情，和上班族夢寐以求的事。

別忘了當主管也有些事要認真思考，自己到底要以能力見長或以德服人？前者得有一套真本事，在專業上有傑出的表現，才配有強勢作風，讓人心服口服，否則，一味發施號令，雷厲風行，結果也會適得其反。

後者屬於軟性，似乎比較適用在民主和人權觀念盛行的現代，對部下不能太過嚴厲，除非有時情狀很特殊，彼此諒解，才可以偶爾用之；在平時對部下要和氣親切，才會拉近彼此距離；懂得人際關係和溝通技巧，也會軟硬兼施，這樣，指揮起來會格外有效。

不論上述那一種領導，自己肯定要了解每個部下的性格、特長、品德，甚至他（她）的家庭與交友狀況。工作之餘，不妨跟部下們打成一片，俗話說「煙酒不分家」，跟部下同時參加康樂活動，或假日一起郊遊，都不宜擺出主管的面孔，大家盡興歡樂，不分彼此，也趁機關心部下，若部下有急難、務必隨時伸出援手，協助他（她）渡過難關……。

不論強勢領導或柔性統御，都要牢記下列座右銘。那些可以放諸四海而皆準，寓有極豐富的啟示：例如：

阿富汗人說：「即使是最龐大的軍隊，若無良將指揮，則毫無用處。」

伊朗人說：「一隻溫柔的手，即使牽一根象毛也可以領著那隻象走。」

保加利亞人說：「不能服務他人者，也無法統治人。」

伊索匹亞人說：「偉大的領導必有長遠的胸懷。」

任何公司團體的強大與進步，全賴大家同心協力，而不是任何個人可以獨力勝任，但優秀的統御可以扮演關鍵性角色，等於一個團隊的靈魂。有朝一日等到自己升任主管職位，歡喜之餘，千萬別忘上述座右銘。

且說靈訓禪師在盧山歸宗寺參學時，有一天動念想下山，因此來向歸宗禪師辭行。

歸宗禪師問道：「你要到那裡去？」

靈訓禪師就照實回答：「回嶺中去。」

歸宗禪師慈悲地關懷說：「你在此參學十三年，今天要走，我應該為你說些佛法心要，等你整理好行李，再來找我一下。」

靈訓禪師將整理好的行李先放在法堂外，就披上海青、依佛門的禮儀去拜見歸宗禪師，向他請辭。

歸宗禪師非常親切地說道：

「天氣嚴寒，途中善自珍重。」

靈訓禪師聽了這句話，當下頓然徹悟。（錄自「星雲禪話」第五集）

這則禪話主旨在「途中善自珍重」，充份透露長者或師父對晚輩弟子的關懷，內容不是長篇大論，也沒有什麼教訓口吻，但非常感人，肯定能打動對方的心，上班族主管不妨倣效，收效一定比物質或勸勉更大、更深。

14．義工上班族，崇高又感人

記憶裡，我以前沒聽說「義工」這個名詞，似乎從經濟高度成長，有了驚人的外匯存底以後才有的樣子。若進一步探究，那是因為工商社會，國人的物質享受應有盡有，反使心靈十分空虛，許多人紛紛傾向宗教界的追尋，結果認識了佛教。

尤其，花蓮慈濟功德會證嚴法師的慈悲行，感動了無數善男信女。不分階層族群、貧富和年齡，他（她）們虔誠頂禮證嚴法師之餘，有人更付諸實際的效倣行動，自動利用假日去當義務工作，有人乾脆在退休後全心投入這種奉獻貧苦老弱的行列，每天跟昔日上班時一樣，呼朋引伴到附近的慈善機構工作，不收任何報酬，純粹要落實「及時行善」的人生觀，而今這群上班族為數不少，也遍及全省各地，堪稱最引人注目，也最令人讚嘆的奇特上班族。

那年暑假，我第一次去花蓮參訪慈濟功德會，從花蓮火車站起，轉搭汽車到功德會道場，在在都有披著慈濟上衣的中年男女在服務；放眼四顧，中外訪客絡繹不絕，每一個單位，每一個角落，每一項作業，都需要人手幫忙，其間，我好奇地向路旁一位擔任交通指揮的矮胖男士問說：「你每天都來嗎？到底一個月拿多少錢呀？」

「我是花蓮一家化學工廠的組長，只用星期天來當義工，沒拿他們一毛錢。」

我聽了好感動，緊接著問他說：

「難道其他服務員都是義工？自願來的嗎？」

「有人全天奉獻，例如有些師姊、師妹寧可放棄少奶奶的享受，大家有志一同，歡歡喜喜到上人這裡當義工，說真的，我個人覺得工作性質不一樣，還蠻有意義的。」

矮胖男士說完話，立刻露出滿足的微笑，向我點一點頭。

其實，不僅慈濟而已，其他如佛光山、法鼓山，甚至基督教會也有義工團隊，出錢出力，挨家挨戶去照顧貧弱無援、急需待救的鰥寡孤獨，替他（她）換尿褲，清理穢物而沒有怨言，義工們不是退休後窮極無聊，藉此打發時間，毋寧說，他們發現了其中存在輝煌的生命意義，既能受用救人之樂，讓自己的餘生徹底實踐無相布施。

例如一位A女士，也是我的遠房親戚，兒女長大，不愁衣食，她不像別的貴婦們一天到晚逛百貨公司，搶購外國貨，而寧願下廚做糕點，送給附近孤兒院……，一般上班族需求薪資來養家過日子，天經地義，普天下的義工隊伍，上班的酬勞，純粹讓自己在人生舞台扮演一種不平凡的角色。

『星雲禪話』有一則故事，敘述一位禪者不為世間的五塵六慾所轉，情願為一家孤兒寡母服務，十分感人，也是罕見的古代義工，值得擊掌，值得效傚。

有兄弟三人，雖然沒有出家，但很喜歡打坐參禪，因此就跟隨佛光禪師學禪，時日一久，為了求更高的悟境，一起相約出外，行腳雲遊。有一天，在日落時借宿於一個村莊，恰巧這戶人家的婦女剛死去丈夫，帶了七個子女生活，第二天、三兄弟正要上路的時候，最小的弟弟就對兩位哥哥說：

「你們兩位繼續去參學吧！我決定留在這兒不走了。」

兩位哥哥對於弟弟的變節非常不滿，認為太無志氣，既然出來參學，才見到一個寡婦動了心，想要留下來，於是氣憤地拂袖而去。

這個新寡婦要獨自撫育七個年幼的孩子，實在不容易，而幸好有這位師弟自願幫助她。

她看到三師弟一表人才，就自願以身相許。三師弟說：

「你丈夫剛死不久，我們馬上結婚實在不好，你應該為丈夫守孝三年再談婚事。」

三年之後，女方提出結婚的要求，三師弟再拒絕說：

「如果我和你結婚、實在對不起你的丈夫，讓我也為他守孝三年吧！」

三年後，女方又要求結婚，三師弟再度婉拒說：

「為了彼此將來的幸福美滿，無愧於心，我們共同為你的丈夫守孝三年再結婚吧！」

三年、三年、再三年，經過九年，這一戶人家的小兒小女都長大了，三師弟看到自己助人的心意已完成，就和婦人道別，獨步走上求道之路。

義工上班族無疑都在感恩，徹底領悟自己取之社會，成就於人間，就在能力所及回饋出一些，這種崇高的風範，正是對治眼前暴戾、貪婪和無情無義環境的良藥，只要這支隊伍逐漸龐大，有心人士趨之若鶩，就不愁台灣沒有前途，不會從危機中掙脫出來。

15・敬老尊賢，會有收穫

公家機關也許自詡一套穩當的人事與敘薪制度，若從某方面說，這也許太僵硬了些，不像私人公司那樣彈性運作，可讓後生晚輩早日大展鴻圖，不太受制度的限制。

他們開口閉口：「升遷倫理」、「年功序列」、「前輩們沒有功勞、也有苦勞」……，但這一來，反而讓新血輪停滯，影響所及，整個團隊或公司都動不起來，遑論什麼競爭力？

但話又說回來，有些新進人員剛從學校畢業，或來自先進國家，甚至從另一家比較像樣的公司轉過來，常常目中無人，以為原先的前輩們老不中用，巴不得一腳踢開他們，視他們為自己爬升和展現身手的阻礙，一直想早些取而代之，享有他們的高薪與職位……這是不對的，只盼一步登天，昧於「經驗累積」的重要，更是不能寬恕的誤判。

老實說，新職員一進公司對作業環境和職務狀況完全陌生，縱使有滿腔熱忱，和一套新計劃，也要配合現實，否則等於紙上談兵，不可能施展出來，這時候，就得依靠長輩們的指引，得到他們的合作，所以，對他們要有相當的禮敬，他們不乏優秀人才，若能分享他們珍貴的經驗，對自己絕對有百益無一善。因為他們都在自己崗位上待過相當時期，歷經嘗試錯誤的痛苦挫折，自己為了避免重蹈覆轍，浪費寶貴的時間和精力，就非去請教他們不可。

俗話說：「薑還是老的辣。」正是這個道理。

非洲人流行一句話：「孩童在學會站立之前，都得先學會爬。」

英國人也常說：「絆一跤可以避免跌倒。」

阿拉伯人更讚嘆：「有經驗的舌頭說的話最可信。」

在證明有過專業歷練，或受過某方面洗禮的人，碰到挫折會比新人反應機警，更懂得善巧方便去解決難題。

世界發明之王——愛迪生也曾坦述過：自己所有的發明都是百分之九十九的血汗摸索、加上一分天份而已。這些足以證明「熟能生巧」的經驗價值，所以，新進上班族若不能敬老尊賢，不但有失厚道，成為無情無義，有朝一日，輪到他們成了公司的長輩時，遇到新鮮人進來，不把自己看在眼內，不知有何感想？將心比心，好的榜樣要從自己做起。

四十年前，我當上班族第一天，正從新竹師範畢業，派往新竹縣新豐鄉一所小學任教，開學典禮時，校長在校務會議向全校三十幾位老師們介紹，我是剛從師範畢業的正科生，意指不是高中畢業來代課，或憑檢定考試及格而取得小學教師資格，之後，幾位年紀頗大的老師，論輩份和年紀，可說是我的祖師級了，只聽他（她）們似謙卑，又像玩笑口吻說道：

「你們年輕的老師剛從師範畢業，應該把新觀念、新教法拿出來教教我們呀！」乍聽下，我暗忖自己在「老」老師心目中，原來享有這樣「新鮮、新式」的地位，好像一種進步的角色，竟忍不住得意和傲慢了起來，儘管表面上回答：「那裡、那裡」，內心的激動與歡喜非比尋常。

誰知幾個學期後，班上有一個頑皮學生不聽話，怎麼勸誘他，也彷彿鴨子聽雷，對他絲毫不起作用，我焦灼苦惱之餘，暗地去請教隔壁班那位同學年、出道比我早十幾年的老前輩——何老師。

何老師聽了我的苦衷，馬上毫無難色地授予秘訣，我照他的話做後，果然效果顯著，那個頑皮學生收斂多了，不再搗蛋了。從那以後，我才領悟所謂「老前輩」

或「老經驗」，實在不能小看，而且值得尊敬和學習。

有一則禪話契合本題的旨趣，抄錄出來跟讀者們分享：

兜率從悅禪師，參訪密行的清素禪師，非常禮敬，有一次因食荔枝，經過清素禪師的窗口，就很恭敬地說道：

「長老，這是從我家鄉江西來的水果，請您吃幾個。」

清素很歡喜地接過荔枝，感慨地說道：

「自從先師圓寂後，不得此食久了。」

從悅問道：「長老的先師是那位大德？」

清素答道：「慈明禪師，我在他座下奉職十三年啦。」

從悅禪師非常驚訝地讚嘆道：

「十三年堪忍職事之後，非得其道而何？」說後，便將手上的全部荔枝供養給青素長老了。

清素即以感激的態度說道：

「我因福薄，先師授記不許傳人，今看你這樣虔誠，為此荔枝之緣，竟違先師之記，將你的心得告訴我吧！」

從悅禪師坦述自己的修行心得。
清素開示道：「世界是佛魔共有的，最後放下時，要能入佛，不能入魔。」
從悅禪師得到心得以後，清素禪師教誡道：「我今為你點破，請你得大自在，但不可說是承嗣我的，真淨光文才是你的老師。」
「佛法在蒙敬中求」，晚輩恭敬長輩，盡心求教，受益無窮，奉勸新進上班族以從悅禪師為風範，敬老尊賢呀！

16．對治成人病，要靠「動中禪」

從作業性質來分，有些上班族一天到晚往外跑，即使有固定辦公室和辦公的桌椅，桌面上也放些紙張，其實，他（她）很少坐下來，反而活動時間比較多；又有些上班族剛好相反，從早上走進辦公室一坐下來，直到下班回家，幾乎整天都得坐在椅子上，埋首自己的作業，例如會計、文書處理員、編輯或撰稿人……可說都屬於靜態作業，不能離開桌椅，活動空間最多在辦公室裡。當然，兩者無所謂誰好誰壞、誰優誰劣，全依作業性質劃分，也要看個人的興趣和專長等條件來決定。

驀然回首，我也有過好幾年這方面的經歷，那時，我在台北市某間廣告公司擔任企劃、撰寫廣告詞，一天裡，很難得走出門外，最多站起來泡茶，或到架子上翻資料，之後又坐下來寫字、修改和潤筆，有時逢到新產品上市季節，需要各種市場資料，撰述各類長短廣告內容，真要絞盡腦筋，坐在椅子上直到下班才起立，屈指一算，少說坐了八、九個小時。

總之，長期這樣是蠻辛苦的，雖說我生性不愛往外跑，也偏向這類性質的工作，對作業本身也樂此不疲，無奈，身體不是機器，血肉之軀要有適度的調養，即使再精良的機器也有時要維修，不能無休止地運作下去。倘若昧於這個道理，那麼，不論機械或人體都會吃不消，而且肯定會縮短壽命，這一來，顯然得不償失，趁早知曉為妙。

唯今之計，只有儘可能利用午休時間步行一番，或稍微舒展一下筋骨，轉動幾下肩膀，再扭一扭腰部，等於最起碼和最必須的運動，持之有恆，對於強身不無小補，至少可以減低心肌梗塞的頻率，和其他罹病的機率。

我讀了一篇專家的報告說，容易緊張，運動量少的司機，發生狹心症與心肌梗塞的機率高。調查結論又說，如果充分運動，不僅較不會動脈硬化，對各種成人病也有預防功效。因為運動要使用肌肉，體內必須耗費大量的氧，血流也會加快，且能加強血管擴張、收縮，進而活潑肌肉中脂肪酶的酵素機能。這種酵素能使血液的中性脂肪分解，降低壞的膽固醇，提高優良膽固醇。

這樣看來，這一類上班族只要常常稍微拉動大面肌肉的有氧運動，那麼，對高脂血症都蠻有療效。例如假日去游泳、騎自行車、跳有氧等都可以做，反之，舉啞鈴或短距離跑步就沒什麼效果了。平時多吃β胡蘿蔔素、維他命E也能抑制氧化，且功效不亞於運動。專家們的建議猶如暮鼓晨鐘，清澈的響聲可以喚起上班族的省思才對。

再聽台北醫學院家庭醫學科一位謝主任說，從事文書、電腦操作的上班族，久坐辦公桌前，胸廓活動受限制，心肺功能亦受影響，罹患心血管或肺部疾病的機會大增。頸椎骨刺、便秘、痔瘡……都是上班族易患的職業病。久坐也會使腹部肌肉鬆弛、腹腔血液供應減少，胃腸蠕動變慢，各種消化液分泌大減、下肢活動量少、靜脈回流不暢……

年輕上班族久坐會使臀部皮膚分泌腺容易堵塞，而產生癤和毛囊炎，即所謂「坐班瘡」。年長上班族易發胖或增加膽石症、糖尿病和心血管疾病。

所以，上班族埋首案前，認真作業之餘，別忘了利用機會活動筋骨，作業片刻後起身走走，做深呼吸、不憋尿，多少也能預防上班族久坐病。

其實，這些論點早被禪師們活用了，別以為禪修不離狹小的禪房，每天不外禪坐瞑想，或誦經持咒，身體被綁得緊緊，活動也受到嚴酷的限制，或以為面黃肌瘦、長期營養不良、住在深宮道院、不食人間煙火，簡直比上述那群拘泥在辦公室的上班族更糟，更有層出不窮的成人病或動脈硬化……這就錯啦。

勿寧說，情狀完全相反，當然禪者也有打坐思維、唸經持咒的早晚功課，不得疏忽，但還有更重要的搬柴運水，和出坡勞務哩！

膾炙人口的「一日不作，一日不食」，彰顯百丈禪師除了禪修功課和自食其力，也指出勞動身軀、活用四肢的重要，像他八十高齡還每天抽空去田裡作業，不就是最好的運動嗎？

所以，禪者經常砍柴、除草、犁田、挑水、要做種種工作。

例如，仰山禪師有一次到遠方去度假。暑假以後就回來看望他的師父——溈山靈祐禪師。只聽靈祐禪師向徒弟說：

「一個暑假都沒有見到你，你在那邊做了些什麼？」

仰山禪師回答說：「我耕了一塊地，播了一籃種子。」

溈山禪師不禁誇讚弟子說：「這樣看來，你這暑假未曾空過。」

如再往前看，六祖惠能初到黃梅山拜見了五祖後，便被收留下來，算是禪修開始，也幹些劈木柴、踏舂米碓的工作足足八個多月。一次，五祖悄悄到碓堆去，看見他腰上正綁著石頭在舂米，汗流滿面，使勁兒在作業，難道這樣勞動肌膚，舒展四肢會無益健康？想想也知道。

而今時代不一樣，許多禪者能夠住在舒服的房間，夏天吹冷氣，冬天烤暖氣，躲在書房誦經打坐，而昧於出坡勞作的業務，那麼，這樣很難有什麼領悟！也跟昔日禪門大德的風範不一致，甚至背道而馳，那有什麼能耐可以教化眾生？又有什麼智慧能引導上班族？恐怕他們的身病心病比成天忙碌的上班族更多哩！四肢不動、出門又有轎車代步，飲食有徒眾供養，而少做實際修行的話，肯定比上班族更多成人病和富貴病。

總的來說，禪堂進行的勞動叫「作務」，也是禪者每天的生活信條，堪稱「動中之禪」，這可以對治上班族苦坐整天，埋首作業所生的諸般疾病。

17・嚴拒紅包賄賂

亞洲各國的貪污文化名揚四海，而台灣的成績名列前茅，那就是讓國人切齒的紅包和賄賂了。表面上，這是官商勾結，狼狽為奸的證據。其實，凡是有機會貪污，即使一個小小的縫隙，也有小紅包，小回扣出現，上班族在這種大環境下也頗難倖免。

放眼台灣的警察、司法、公立醫院、教育界，主管們握有錄用權、決定權、升遷權、招標權、拔擢權或裁判權，經常有撈錢的機會，有些人都難以堅決地說：「不拿」，甚至一方利誘，一方索求，一拍即合，形成共犯。而造成政府或公司的重大損失。

報載政府掃黑以後，全國工程款減少幾百億，意謂政府少損失幾百億的紅包或賄賂款，無形中替老百姓做件大功德。否則，台灣會像昔日一樣，建造全世界最昂貴的高速道路和捷運系統，而這一原因是絕對有脈絡可尋的，那就是紅包和賄賂在作怪了。

別說大工程的招標如此，連學校校長有了聘用權，若想進入那所學校，試想會有幾位校長不拿紅包？不收禮物？學校的庶務組長不時採購教具，添置雜物，必須接觸商人，又有誰會拒絕對方的賄賂？公立醫院採購醫療用品，經常傳出收索回扣的消息，據說安排病房也要有門路，或另外紅包，才能進得去，否則，院方有各種理由拒絕安排。

最令人痛心的，莫過老百姓心目中「良知」與「天理」的指標——司法和警察——也有紅包現象。例如，台北市的人蔘案牽出多少不肖的司法和警察人員，在在證實公家機關的上班族也昧於「人民公僕」的崇尚標幟，而屈服在惡劣的世風下，實在令人痛心。

私人公司的會計、總務或業務員工，也許因為職務而不時偕同顧客上餐廳、喝燒酒，接受對方的招待或禮物，而這也是紅包文化的一環，自己要機警，會拿捏分寸，一不小心，也會丟掉飯碗。

我有一位學弟平時蠻老實，亦無不良嗜好，在台北市一家頗具聲譽的食品廠當會計，不知怎地，經常陪同顧客上酒家、吃宵夜。據說額外收入比本薪還多些，眼看他就要爬升組長那一年，忽然東窗事發，被工廠解僱了，當時年屆四十，再想找合適的差事的確不容易，害他羞愧之餘，頗為懊悔。

以前，我在某家電視台業務部上班，接觸對象都是廣告代理商，也就是一般傳播或廣告公司，不時接到他們請吃飯的事，但我有自知之明，深怕吃了他們一頓飯，會給自己帶來無窮苦惱。例如，接二連三的拜託，要這個、要那個，答應有難處，拒絕也不行，立場有多尷尬，倘若對付不當，也許會因此丟掉這份差事，那就貪小失大，豈非愚昧？

前幾年，台灣海軍爆發某位軍官自殺的命案，和桃園縣長被殺的慘劇，紛紛傳言死者因為擋人財路，也就是拒收紅包，或賂賄太高所引起，果真如此，可見紅包毒害上班族有多深，腐蝕社會人心有多嚴重。

說來說去，這種事全出在「貪」字，除了本俸還不夠，還要非份之財，忘了這種有損陰德，也難逃因果的事，這根本違背禪者的風範。

例如，一位寶壽禪師在五祖寺庫房擔任司庫，那時的住持和尚戒公，偶爾因病服藥，需用生薑為引，侍者就到庫房取用，寶壽便叱之使去，戒公知道以後，令拿錢去買些生薑，寶壽禪師才肯付給他。

後來，洞山寺院缺人住持，郡守來信，託戒公介紹住持，戒公便說：「那個賣生薑的漢子可以去得。」寶壽禪師便去做洞山的住持，所以，禪即有「寶壽生薑辣萬年」的佳話。

（取自『星雲禪話』第一集）

顯然，寶壽禪師懂得公私不一樣，取捨有分寸，不該給就不給，那怕他是頂頭上司、權大勢大，自己照樣嚴守分際、不偏不倚，令人敬愛極了。反之，住持戒公不但不收紅包，尤其難得的是，不會懷怨在心，非常賞識對方的品德，現代上班族宜取這種教訓，做效這種德行。

18・上班族要舌燦蓮花

相處在一間辦公室，就像一個大家庭，大家彷彿兄弟姊妹般，彼此應該了解很深，包括彼此的家庭、出身、專長、脾氣、嗜好或經濟狀況等，或多或少都有耳聞，照理說，都可以平常心看待，無奈，有時也會有不確實的謠言，讓人很傷感情。

流言或謠言，也等於閒話與是非，根本沒有這回事，卻言之鑿鑿，好像真有其事似的，害得當事人煩死了。可惜，嘴巴是別人的，耳朵也一樣，自己掌握不住，在這種情況下，只有隨它去吧！

有道是，清者自清、濁者自濁，或日久見人心，總不會永遠不明不白，或積非成是，反正時間是最好的證人，水落石出，與真相大白不會沒有機會，只有這才能粉碎流言，在這以前，自己可要沈得住氣，心別被外境所轉，跟著別人的話起舞、自亂腳步，可就不妙了。

通常，以錢財與感情的事，最容易出現謠言，好像世人對這個最感興趣。當然，那也是人類最貼身，關係最密切的事，即使不是事實，但傳來傳去，頃刻間，讓當事人百口莫辯，跳進黃河也洗不清，的確傷透腦筋！

例如我在台灣教書的時代，電視機還是黑白的，節目也不豐富，而我最大的娛樂是欣賞古典文藝片，只要發現有那家電影院出現這類片子，我一定不會錯失良機，不管是不是週末，剛巧同校一位年輕女老師也有同好，有過好幾次我們在電影院相碰，出場時相偕出來，不料被其他同事看見，之後傳到學校辦公室，很快就被人們誤解我們在約會，情侶一對。

其實很冤枉，那位女老師的男朋友在服兵役，早就準備退伍後要結婚，但那時風氣很保守，男女社交不像今天這樣開放和自由，結果害得我們很尷尬，在學校相碰也不敢多講話，連公事也少談為妙。

還有一年在一家傳播公司服務時，一位同事A先生負責客戶連絡，剛巧他跟其中一家廠商特別投緣，經常相偕去餐廳談企劃案，當然也包括娛樂與雜務……。總之，雙方來往很密切，其間也涉及錢財問題，有人嫉妒就拼命造謠他拿回扣，得到了好處。主管查問他，我剛巧也在旁，只見他拍著胸膛、氣衝衝地說：「如果我真拿回扣被查到，我還能做人嗎？」

乍聽下令人同情，因為我深知A先生的為人，誠實可靠，不可能做這種事，無奈，他被這個謠言害得兩年不能升級，委屈到極點，幾乎要氣憤辭職。

這時，我出面對他說：「你若沈不住氣，別人還以為真有其事呢！這一來，你就吃虧大了……反正沒拿就不怕，不必辭……。」果然，後來A先生的冤情得到洗刷了。

有時無端被人中傷，內容又太離譜，自己不會不在意，且不能不挺身為自己辯護，這時候就不能太沈默了，尤其不能逃避，但不必太生氣，免得氣壞了自己，那就損失慘重，也無補於事實的轉變。也許別人正希望目睹這種後果呢？可千萬別中計。讓親者痛，仇者快。例如，幾位同事要搶奪某個職務時，可能有人會出此惡計——謠言中傷。

凡事有果必有因，沒有無因生果的道理，倘若查出謠言的根源，不管誤解，或者刻意，都要在儘可能範圍內釐清，別讓它愈扯愈遠，弄假成真了。因為有人最愛加油添醋，惟恐天下不亂，在枯燥的上班生涯中，整天待在沈悶的辦公室裡，巴不得聽到新鮮消息來解悶呢！

面對謠言或閒話，原則上，可以參考「寒山拾得」的智慧，他們在世事纏繞，是非不停的的環境裡，依然瀟脫自在，自然有一套應付的秘訣。詳情是這樣：

唐代的豐千禪師住在天台山國清寺，收養一個來歷不明的孩子叫做拾得，他長大後在寺裡擔任添飯的職務。時間久了，結交一個莫逆叫做寒山，因為寒山家庭貧困，拾得就不時將齋堂吃剩的渣滓用一個竹筒裝起來，給寒山揹回去吃用。

有一次，寒山問拾得說：「如有世人無故誹謗我、欺負我、中傷我、侮辱我、恥笑我、輕視我、鄙賤我、厭憎我、欺騙我，我該怎麼辦呢？」

拾得答說：「你不妨忍著他、謙讓他、任由他、避開他、耐煩他、尊敬他、不理他。再過幾年，你且看他。」

寒山又問說：「除此以外，還有什麼秘訣可以躲避別人的惡意糾纏呢？」

拾得回答說：「不妨藉用彌勒菩薩的詩偈說——

老拙穿破襖，淡飯腹中飽，補破好遮寒，萬事隨緣了；

有人罵老拙，老拙只說好，有人打老拙，老拙自睡倒；

涕唾在面上，隨他自乾了，我也省力氣，他也無煩惱；

這樣波羅蜜，便是妙中寶，若知這消息，何愁道不了？

人弱心不弱，人貧道不貧，一心要修行，常在道中辦，

如能體會偈中的精髓，何愁別人的惡意纏繞呢？」

乍讀下，也許有人以為太消極，處處退讓，有失勇者形象，其實，執守原則也不必，一切看狀況來拿捏分寸，但也別忘了愈描愈黑，說了也沒用的後果。

再看謠言的本質，中外都有一致的解讀，可見它的存在非比尋常。例如：

菲律賓人說：「攔阻河水比阻謠言容易。」

俄羅斯人說：「你無法在鄰人的嘴上縫上釦子。」

維吉島人說：「愛講閒話的人，總會懷疑別人在談論他們。」

大洋洲人說：「鎖門防得了賊，卻防不了該死的說謊者。」

從此，所有上班族要領悟一項教訓，儘管各國有不同的語言，表達方式不一樣，但旨趣完全相同。那就是——

牙買加人常說：「你所聽到的並非全是談話的好題材。」

中國俗話說：「一言既出，駟馬難追。」

韓國俗話說：「言語無翅也可直飛千里。」

美國俗話說：「罪惡由口生，閉不緊的唇可以沈船。」

西班牙俗話說：「放出去的話和石頭一樣難再喚回。」

意謂自己既然受到謠言傷害，可要將心比心，也要替別人著想，千萬要慎重自己的嘴巴，不做無的放矢。

『星雲禪話』裡，星雲大師有一則精闢的開示說：

「舌頭人人有，但真懂舌頭妙用者不多。舌頭會說話，一言以興邦，一言以喪邦，這就是會不會活用舌頭，有人用舌頭做功德，有人以舌頭造罪業；有人舌燦蓮花，有人嚼舌根子，禪師的舌頭，大眾能嗎？」

上班族該學禪師的舌頭，千萬別要舌根子造謠呀！

19・公私飯碗，各有優劣

公家機關好呢？還是私人機構好呢？這是人生觀的問題，也是很現實的問題，所以見仁見智，沒有一致的結論，且彼一時、此一時，很難說清楚。若要套用禪門的話說，等於因因緣緣，各有不同，沒有絕對的好壞。

大家知道公家是「鐵飯碗」，壓力不大，一般作業很輕鬆，只有少數人特別忙，因為身份或職務特殊，但其他人很好混，一天過一天，主管也不會太兇或太苛薄，反正進來不是有特殊人事背景，就是靠自己考試分發。若無太大錯失，鐵定可以混到年老退休。

談到工作有保障，在日本和台灣公家機關的確能夠，尤其，日本年輕人要進入中央級的公家上班，都要經過一番慘烈嚴苛的文官考試，彷彿台灣的高考普考，一旦如願進去，就有受人尊敬的社會地位，一提到自己在××中央單位上班，縱使待遇比不上大企業，也有不尋常的榮譽感。因為日本人習慣重視文化階級或身份階層，能進高級的公家機關，就代表一種莊嚴和知識水準，而不像國人那樣膚淺與功利地先問你一個月多少錢？若拿錢少，則其他什麼都不重要，祇問衣裳不問人，正是台灣人的價值感。

美國吃公家飯也沒有完全保障，像前幾年洛杉磯市政府因為沒錢，竟敢裁員幾百人，橘縣政府為了節省開支，也敢關閉幾個部門，迫使許多人走路，這在台灣人看來實在不可思議，肯定會罵美國現實得不近人情，根本不是文明和先進國家，是百分之百的功利社會。

現在，台灣的公家機關升遷制度比較健全了，會按考試和業績為準，盡量減少主觀的人情干涉，薪資調整也有原則，難怪想進公家機關的人還是很多，儘管待遇普通，吃不飽，餓不死，也照樣能養活家庭，何況，現在失業率居高不下，好工作難找，且上下班時間固定，即使結婚也有機會申請調動，而不太會影響家庭。

老實說，住在鄉鎮的人，若不想到城市發展，那麼，能在本地公家機關吃頭路也蠻不錯。

例如，我有一位親戚住在新竹縣竹東鎮郊外，原本在竹北鄉的菲立浦工廠上班，待遇還不錯，只可惜作業時間不固定，有時夜班，有時日班之外，逢到趕貨和訂單頻繁的季節還得加班，且居家離工廠的距離不近，其間有一段崎嶇的山路。那年，剛巧鎮公所有一個工友缺，他算因緣湊巧，乾脆辭去菲立浦廠的小組長職位，轉到鎮公所擔任工友，寧願灑掃和替人倒茶，許多人覺得納悶，問他何必這樣委屈呢？但聽他坦露一番心聲，說道。

「我這樣離職場近，上下班方便，騎機車不到半個時辰，下班回來可以充分照顧家庭。尤其，我還可以做些副業，好像下田種菜、種番茄和其他農作物……這樣算起來比去私人工廠好太多了，何況，退休金也不能小看呀！」

我有一位學長在台北市永和市某私立小學任職十幾年，其間當過教務主任，教學認真，做事能力頗強，家住學校隔壁的廉價房子，故一天二十四小時幾乎都在校內走動，等於有形無形以學校為家了，當然很得校長的賞識，無奈，當年私立學校尚無公立學校一樣的福利措施，既無退休金，亦沒有年終獎金，但依他當時的表現，任誰都猜測他會在該校渡過一輩子。不料，他在那裏教滿十五年後，某年通過政府舉辦的公務員考試，就輕鬆地轉到公家機關，從最低職的公務員幹起，因為脫離教育界，使他多年在私立學校服務的經驗，不能轉作公務員的資歷，未免可惜，但他毫不戀棧教務主任的名銜，寧願去吃公家頭路。

反正每人看法不同，不能一一舉例。台灣有「包青天」之稱的楊日松博士，從民國三十九年進入刑警總隊至今，已有四十餘載，數十年來如一日地堅守法醫工作，屆齡退休仍以法醫專業延長服務。據說他的台大同學即使在私人醫院上班，也都先後當了醫院院長、副院長，只有他還在翻屍體，翻來翻去到底要翻到什麼時候？只有他心裡明白，若非他有顆「人間公僕」的菩薩心，肯定不甘心每個月只拿區區幾萬元，僅能溫飽而已。

有人反而愛到私人機構，喜歡那裡有各種挑戰，即使作業固定，也不像公家那樣單調得幾乎可以應付，連主管也不太敢斥呵，而私人公司可沒這樣輕鬆，經常要看老闆的臉色，別說像美國公司那樣動輒裁員、嚴苛得如坐針氈，但照樣有理由讓員工走路，因為公司本身也非十拿九穩能夠賺錢，或永遠經營得下去，連老闆自己也不好當，怕在劇烈競爭下被淘汰。

好幾年前，我的親戚M先生從新竹縣一所不甚出名的私立工職畢業，不知什麼因緣進了經濟部的電力公司，工作輕鬆，每天出去收電費、查電源，不必待坐在辦公室內，後來結了婚，不到幾個月便辭職了，沒拿到一毛錢資遣費，自願到一家鐵工廠打工，當然，那是私人的小工廠，待遇亦不高，但妻子贊成他轉業，因為知夫莫若妻，妻子深知丈夫性喜敲敲打打的作業，電力公司的工作性質和前途會埋沒丈夫的特長，且來日方長，應該趕緊學些鐵工的本事，說不定那天可以自行開業。……所以，他毅然轉入另一種充滿挑戰的上班族了。

總之，人各有志，但憑自己做主，不論當公職，或吃私人頭路，希望都能無悔無怨過一輩子。就像宋朝佛窟禪師，少年出家後，在浙江天台山翠屏岩的佛窟庵修行。他用落葉舖蓋屋頂，結成草庵，用清水滋潤咽喉，每天只在中午採摘山中野果以充饑腹。

一天，一個樵夫路過庵邊，見到一個修道老僧，好奇的向前問道：「你在此住多久了？」

佛窟禪師回答道：「大概四十個寒暑了。」

哇！別人看他深山隱居，苦不堪言，佛窟禪師卻不改其志，一坐四十年，直到證悟方休。凡是自己的選擇都不關別人的事，只要自己心甘情願，不論在公家或私人公司上班都不是十全十美，擇一而從，貫徹始終最要緊。

20・賺外快，靠絕招

那年，我在台北市一家電視台上班，起薪台幣六千元，太太則在一所中學教書，月薪不到四千元，家有兩個孩子，還沒有錢買房子，夫妻同屬上班族，一年下來也有五萬元儲存，成績還不錯。我們所以有儲蓄，無非靠省吃儉用。說得坦白些，銀行存款全靠節省、節省、再節省，此外無其他秘訣。

上班族的最大特點，是在上班時間內，必須將所有精力賣給僱主，不論僱主是公家或私人都一樣，白天要全天候作業，不准假公濟私，挪用上班時間去賺外快，拿誰的錢，就得做誰的事，才算盡忠職守，對得起僱主和自己。

如果白天上班（當然也有人上夜班），作業八小時，加上上下班的交通耗費，顯然一個大白天就要泡湯了，那麼，唯一能夠賺外快的時間，是下班後的夜晚和例假日，去兼差、打零工或做些小生意來補貼家用之餘，就能存進銀行了。我想，這是上班族增加收入的不二法門。

我認識一位台灣來美國的林姓鄉親，一家四口，兩個孩子上中學，夫妻都在同一家餐廳打工，先生幹廚師，太太在門口當收費員，夫妻的收入頗為可觀，養育孩子足足有餘；工作雖然很辛苦，幸好苦得有代價，至少不必憂慮三餐和各種昂貴的保險支付，不過，他們都是農家出身，從小養成勤勞苦幹的習慣，移民到美國後，這種優良的習性也大大地派得上用場。只要有假日，他們不但捨不得休息，反而一大早起來，匆匆開車出門，巡視附近的大街小巷，看看有誰家丟棄的傢俱，電器產品和雜物可以撿回來，經過一番過濾，將半新半舊者加以刷新，稍微破爛給予修補，結果都成了完全可用的東西，堆積得滿滿一車庫，之後送到店舖廉售。這一來，也有相當的利潤可圖，這就是上班外的額外收入。只要不亂花，自然有更多可以儲存。

上述「節省」和「廢物重造」法，都是上班族開發財源的方式，相當於禪門大德「惜物、惜福」的風範，令人讚嘆、令人鼓掌。膾炙人口的滴水和尚，便是最好的例證。

一天，儀山禪師在洗澡，因為水太熱了，就吩咐弟子提桶冷水加入，那個弟子提了冷水來，倒進熱水裡，便毫不猶豫地把剩下的冷水倒掉。

禪師不悅地說道：「你怎麼這樣浪費？世間一切東西都有用處，只是大小不同，用法各異而已。你毫不在乎倒掉剩餘的水，即使一滴水，也能用來澆花草樹木，不僅能存活它們，也能充分利用滴水的價值，而你卻白白浪費一滴水，很不應該呀！」

弟子聽了很慚愧，便將法名改為「滴水」，之後成了受人尊敬，和佛教徒耳熟能詳的「滴水和尚」。

想要有多錢，就要先有少錢，而少錢也要靠點滴的累積，和不斷去開源。上班族只能從上班時間外想出絕招，但千萬不能動歪腦筋，或昧著良心幹非法勾當，除此以外，各人都有自己的一套，也許可以倣效別人，但也不是人人都做得到，各人的因緣造化不一樣。說穿了不如自己動腦筋才是根本的辦法。

根據最新資料顯示，台北市上班族若照目前的薪水收入，大概要一百年才能買到房子，哇！好長的日子哩！除非有額外收入，加速存錢，否則，一輩子也是無殼之牛，可悲可嘆。

我有一群上班族朋友為了想克服上班族捉襟見肘的經濟苦惱，都會使出渾身解數賺外快，例如A先生是某工廠的資深職工，太太在銀行服務，日子當然過得去。但A先生利用週日到某區某條街口擺地攤，太太下班回來也自願去附近一家餐廳當收費員，兩人每月的額外收入幾乎佔薪水的三分之一，相當不錯哩。

B先生夫婦都在教育界，B先生自己在高中教化學，太太在國中教美術，於是，夫婦有志一同在晚上收些學生補課，因為化學是聯考主科之一，補課人數眾多，光收補習費就超過正常的教師薪水。幾年下來，他們不但買了一棟新房子，也置有不動產，即使夫婦不上班也不愁衣食了，但人各有志，他們仍然想一直當上班族，直到拿到退休金為止。

人各有專長，例如外文好可到補習班兼課，中文好也不妨寫作投稿，美工好可到廣告行兼差畫圖，若懂電腦，那麼，兼外快的機會還用愁嗎？

如果平生無大志，光靠薪水也勉強能養家活口，支付孩子教育費，又有自己的房子，那麼，安於現狀，不動腦筋去圖外快，那就要在節流方面下工夫，總不能每月多少錢進來，就花掉多少錢，銀行多少也得儲存一些，須知天有不測風雲，人有旦夕禍福，「有備」才能「無患」呀。

說來慚愧，早年有幾位同鄉好友在台北創立一家出版社，邀我翻譯日文新書，論字計酬，從此以後，譯述不斷，三十年如一日，其間還幾次將它當做主要收入。驀然回首，往事歷歷，記得我每次收到出版社的稿酬，那陣狂喜不足與外人道也。就補貼家用來說，夜晚爬格子的外快，的確對家庭有過莫大的幫助，尤其豐富了我的思想，助長我的文字緣，無異本識以外的最大收穫，真是始料未及。

報載各種色情行業，在暗地裡被一群新新人類當作外快來源，收入之豐還超過中央官員的薪水，但這種既是犯法，又失去尊嚴的兼差，完全違反禪道旨趣，不值一談。

還有社會治安不好，若夫妻都去加班，讓未成年兒女單獨留在家裡，可不是小事，而是極端嚴重的家庭問題。

例如，加拿大多倫多民意調查顯示，約有九成受訪者認為加班過多，政府應採取行動，那就是限制加班，不但可增職位，讓更多人有工作，且能改善上班族的家庭幸福。可知中外上班族的心聲都一樣，別只為多賺些錢，而失去更重要的家庭幸福與兒女教育。

因此，兼差賺外快也要堅守幾項原則：

第一，憑本事，也要守法——君子愛財，取之有道。

第二，適可而止，不能損害身心——本末不能顛倒。

有道是「錢要多多益善」，或「沒有人嫌錢多」，但也別忘了錢賺不完，若成天忙著加班、加班，成了工作狂，就是頭腦短路。

21·忍辱學習，眼光放遠

禪宗五祖想要傳付法衣，便命徒眾作偈頌，若誰悟得本性，便想傳付法衣給誰，讓他作第六祖。於是，神秀上座寫一首偈：「身是菩提樹，心如明鏡台，時時勤拂拭，勿使惹塵埃。」

一天，一個童子從碓坊經過，口中唱誦這首詩偈，惠能聽了，便知作者未曾見到清淨本性，就問童子說：「你誦什麼偈呀？」

不料，童子歧視他說：「你這個獦獠懂得什麼……。」

後來，一位江州張別駕走來，惠能不識字，就請他代自己書寫一首偈，誰知對方也譏諷他說：「你也會作偈？真是稀有的事哩！」

惠能答說：「想學無上正覺，不可輕視初學。下下等的人也會有上上等的智慧；上上等的人也會有沒心智的時候。如果隨便輕視人，就會有無數的罪過。」

沒錯，有人剛上班時，難免被人輕視，因為一切都陌生，彷彿新生入學一般，有時會遭到老生欺負，即使待了一段時日，倘若能力不如別人，成績比人遜色，或因其他緣由，也會遭到歧視與不合理待遇，這樣的日子很難受。

在美國上班，許多東方人常常埋怨有「種族歧視」，或因英語不夠好而吃大虧，其實，「歧視」現象不止種族而已，其他方面也有，例如，台灣以前有省籍（本省與外省）、黨派（國民黨與黨外）、族群（閩南與客家）、學歷（高低）、性別（男女）和年齡等歧視風氣，而今慢慢消失，但也不保證每個人都沒有，至少還有些不明事理的人，仍然懷著不該有的歧視意識，那就是禪修者要努力克服的「分別心」和「計較心」。

上班族遇到歧視，有時極難反抗，且抗辯也沒用，甚至引起反效果，對自己很不利，只好在無奈與氣憤中渡過，天天接受忍辱的煎熬。

誰都有七情六慾，有時很難調控，太過情緒化會傷感情，也會誤到正事。例如主管考核要公平，莫因跟某甲私交較好、臭味相同，常去吃喝玩樂，就在評鑑欄上美言幾句，多給幾分；反之，跟某乙不甚投緣，就倒扣他幾分，評語不佳……某乙為了保住飯碗，據理力爭也未必見效，除了忍氣吞聲，也不能動輒就抱著「三十六計，走為上策」，表示最大的抗議，這不是最好方法，因為去別家公司也未必不受歧視。這一來，就頗難有紮根的地方。除非萬不得已，實在忍不下這口氣，才考慮以「不幹就是最大」的方式來應付。

說真的，有些公司表面上很公平，對待所有員工好像不分彼此，反正都是自家人，卻在暗地裡壓抑某甲，優待某乙。

例如，有一位客家同鄉H先生在美國一家飛機廠任職，公司偏把高難度的作業交給他，而把輕鬆的事安排給白人同事，讓他有立功表現的機會，如果非內行人，很難察覺這種刻意的巧妙安排。

所以，這是一種公平的不公平，客觀下的主觀，無異極高招的歧視待遇。於是，明知公司的苛薄與歧視在作祟，也頗難力爭……。

但願上班族要明白世間任何地方或作業安排，以及薪水待遇，都沒有絕對公平的標準，即使惠能大師初到黃梅山幹活也受盡奚落，和不公平的作業，但他毫不在意，只知埋頭苦幹，抱著來修禪的目的，只要有益自己的開悟，眼前的暫時歧視可以不放在心上。同理，上班族若遇到相似的境遇，不妨採用以下兩種態度：

第一，效倣六祖惠能的精神，抱著實習或學習心態。

若公司有值得學習的體驗或技能，就要暫時忍耐，不計較有色眼光，拼命充實自己，認真學習，反正自己有理想，而不是一輩子待在這裡，忍辱到退休才難過哩！所以，短期忍辱是有代價的，現在付出少許，將來會得到雙倍以上的報酬。只要這樣想，日子會好過一些，也會鞭策自己更有決心。

第二，即使不打算離開公司，而眼前又受到不公平待遇，不妨用加倍努力，表現卓越的成績，讓主管或老闆刮目相看，也讓其他同事們心服口服。

這一來，大家很自然會從歧視改為尊敬，大家的眼睛是雪亮，傑出的績效會替自己講話，並且也會暗示他們：「你再歧視我的話，我會離開，憑我的本事，不愁沒有別人要，我可不稀罕待在這裡呢！」凡是正常運作的機構，都會看重人材，而人材就是真本領，有了真本事，據理力爭也會使對方無話可說，所以，這是最理性與務實的做法。

關於這兩點，恕我再舉例子說明於下：

朋友的兒子S三年前大學畢業，先到一家華人開的電腦工廠，剛去什麼都不會，待遇也很低，辦公室不大，桌椅有限，休息和午餐都輪不到他坐在辦公室，他便委屈坐在貨箱上，許多粗工都叫他去做，甚至有人說閒話，他都「有聽沒有到」，假裝沒聽見，一年左右學到工廠許多事務，他乾脆辭職了。

之後到美國著名的休斯公司，從最低層幹起，不太計較待遇和種族歧視，一有機會就學習，所學所做都跟第一家公司不一樣，內容又豐富些了，一年後他有了心得，便向主管要求調薪，主管不肯，他又辭職了。

接著，向一家大電腦公司求職，履歷表上填寫許多過去的經驗，面談時對答如流，對方一聽便知他不是背書或什麼都不懂，而是有實際經驗，且這些經驗正是該公司所欠缺，於是，當場以加倍的高薪錄用S了。

反觀S的幾位同學，讀完研究所，拿到碩士學位，趾高氣昂，求職高不成、低不就，即使上班過幾週發現實際作業連高中程度都會做，自己做無異大材小用，不肯忍耐學習，便埋怨離去，之後也碰到類似情狀，不是嫌待遇差，便說作業不合口味和身份，結果在家閒賦好久，都靠爹娘養他哩！

二、三十年前，一位親戚剛剛服兵役回來，隻身到台北謀生，他不會講閩南話，到了一家全是閩南人的公司，辦公室同事都用閩南話聊天和交談，那位同鄉聽不懂，亦不會講，覺得很孤寂，鬱鬱寡歡，主管也欺負他「非我族群」，說話不太客氣，言語間偶爾說他是：「傻客郎」。

他心想：「既來之，則安之」，且待遇也不錯，便鼓起客家人的「硬頸」精神，只知埋頭苦幹，別人午餐後在休憩、打瞌睡和閒聊，他則坐下來作業，不休息，同事們笑他傻，拿少錢，多做事，何苦來哉！

不料，到了年終結算，他的業績壓倒群倫，主管除了加薪，還讓他連跳三級，當了科長，兩年後升到部長，成了公司的核心人物……。

俗話說「一回生，二回熟」，起先被人歧視，等於接受挫折教育，殊不知那是成功的基礎，眼光要放遠，不要灰心！自己也有潛能可以發揮，別小看自己。

22・公私分界，少談政治

早期的專制時代，政治純屬家族事業，談論很危險，家天下的本質，古今中外都一樣，而今民主時代的政治，才是管理眾人的事，大家都可以談、也應該談，它跟每個人有密切的關係，不能漠視或不理；否則，等於失去或拋棄神聖的參政權，這是非常錯誤和落伍的……。

每逢國內選舉季節，不僅馬路上有鬧哄哄的競選活動和造勢節目，連辦公室內也有同事為自己的黨籍候選人拉票，當然，這是可以理解的，但有一項極重要的原則必須要遵守。

上班族要點到為止，分寸要拿捏得好。說明白些，即三言兩語就可以了，千萬不能在作業時間大談本黨的政見，否則等於公私不分，職務混淆，既不應該，且會引起不同立場的同事糾紛，而傷了彼此感情。

倘若公司是黨營事業，而員工又都是本黨同志，那多談或稍微研究本黨候選人的問題，也許還情有可原，甚至不算禁忌，這一來，整個情況就另當別論了。若員工參雜不同黨派。那麼，仍應遵守上述原則，以工作為重，選舉的事盡量少談為妙。

平時的政治話題，當然可以談，但也宜守以上信條，少去碰它，即使休息時間內也一樣。原因是，那純屬私事，每人都有不同意見與政見，那也代表不同立場與利益，如果利益衝突，或意見不合，有誰會平心靜氣相處呢？人非聖賢，有誰不執著自己的立場？這一來，職場會寧靜嗎？若不平靜，也一定影響作業，削弱工作績效，和公司的整體利益。總之，負面影響不容小覷。

據我所知，A、B兩位朋友在大學時代住在同一間寢室，平時頗有來往，畢業服兵役回來，又考進同一家大企業上班，且兩人都愛打球，不時在假日到附近體育館運動。然而A是外省籍，出身軍眷家庭，而B為嘉義縣的農村子弟，儘管兩人友誼極佳，平時什麼都談，甚至金錢借貸也很放心，也有過患難相互助的經驗，兩人幾乎像親兄弟一般，但不可思議的是，一談政治就壁壘分明，各持立場，且互不相讓，有時唇槍舌戰，爭得面紅耳赤，好幾次我站在旁邊看了也覺得好笑，忍不住勸他們說道：

「喂！喂！別吵好不好？真是沒水準！」

幸好大家都很理智，聽了我的話也暫歇片刻，之後各自冷靜下來，顧左右而言他，才沒有惡化下去。有時，我向他們建議說，政治歸政治，工作歸工作，界限不宜模糊，不然會影響友誼，很划不來呀！他們都點頭稱是，以後也能保持警惕，談政治問題都能適可而止。

在辦公室裡，如果主管和部下分別屬於不同黨派，彼此當然有不同政見，萬一談到政治問題，恐怕很難心平氣和而放棄爭論，倘若常常這樣爭辯，試想主管掌握考核和評鑑的權力，難道不受到情緒的影響嗎？除非聖賢才能例外。

回想我當年在台灣某間公家機關上班，十位員工有八名都是執政黨，主管更不在話下，我雖然不是反對黨，但不時表示批判意見，便成為他們眼中的異議人士，在他們定期的黨小組會議中，據說有些同事也曾經指點和懷疑我，在那白色恐怖時代，這事倒常常令父母和親友們擔心哩！

若是在國防機密與安全性質的機構上班，尤其忌諱談政治。其實，什麼樣的政見，不代表什麼樣的道德或品格，例如，A政黨裡有好人與壞人，同樣地，B政黨的黨員也是好壞不一，難怪有人主張「選人不選黨」，也不無道理。只要誰有操守或學識，就不管他是什麼黨派，毅然投他神聖的一票，可說是目前國內很奇怪的「選舉心理學」。

照理說，談政治要理性，少激情；無如，政黨為了爭取選票，不惜煽動人心，顛倒黑白，這一來，就很難不涉及感情了，結果讓政治變成盲目和恐怖了。在辦公室裡，某人也許不是頂好的員工，但他熱衷政治，幾乎如醉如狂，剛好符合主管單位的意思，因此，讓他搖身一變，而成模範職員。以前中共所謂「政治掛帥」，恐怕就是這種典型吧！

佛陀出身政治世家，成道後不回家繼承王位，在修道場上也不向徒眾談政事，除非見到國王、大臣或地方首長等政界人士，可見佛陀平時只會關心政治，也結交幾位國王如波斯匿王、頻婆娑羅王、阿闍世王等，但他的職責在教化眾生，所以，那些政治人物也是佛陀教化的對象。例如，佛經記載許多開示國王的內容，十分精彩，除此之外，佛陀是不談政治的，不論在精舍或徒眾家裡……。

總之，在辦公室要嚴守分際，公私界限，只要埋首作業，少談政治；否則，像蜻蜓點水，稍微提一下就好啦！

23・工作興趣，全靠培養

上班族就是受薪階級，俗話說「拿人薪水，吃人頭路」者也。不包括老闆階級，或大富大貴，飽食終日，無所用心之流，否則，不在公家機構，便於私人公司上下其班也。若在公家上班，那怕官職再大，也要遵守上下班制度，領固定薪水，按年功序列升遷和退休，身不由己；若在私人機關，更不在話下，即使高居總經理，也要聽命於董事會或董事長，拿誰的錢，就聽誰的話，天經地義，更沒有不上班可以白領乾薪，這是任何有制度機關的上班族的共同命運，中外絕無兩樣，真正無巧不成書也。

為了生活，就得上班幹活，而那種「活」正是自己的飯碗，疏忽不得，不但要小心翼翼，全力以赴，還要看它跟自己的「興趣」搭配得怎樣？

若那件工作是自己的最愛，而且學以致用，肯定也樂在其中，這一來表現不凡，乃是意料中事。更重要的是，全心投入，日日快活，才能凸顯人生的價值——不虛此生也。然而，人生的際遇很難說，不是任誰都有此福報或美滿因緣；但退而求其次，若不太有興趣的話，唯一補救之道，就是趕快「培養」興趣，努力在「培養」方面下工夫，讓它跟作業緊緊結合，愈密愈好，若說工作關係一輩子的快活也不為過，因為職場好像家庭，工作猶如配偶……。

『禪源諸詮集都序』上說：「道即是心……任運自在，方名解脫。」這個「道」不妨看作人生的職業，如果對它有濃厚的興趣，自然幹勁十足，甚至如醉如癡，從早忙到下班、加班，或再拿回家去繼續，不論超時多少，有無報酬，或能否得到讚嘆都不計較，一切可以置之度外，惟有自己的樂趣最重要。換句話說，讓自己全天浸淫在工作樂趣中，可謂一種解脫境界。說真的，到達這種地步，別說忘了疲倦和時光，恐怕連八風也吹不動他（她）了。

不明禪理的人，也許納悶「八風」者，為何物耶？

原來宋朝大文豪蘇東坡在江北瓜州地方任職時，跟一江之隔的金山寺住持佛印禪師，不時談禪論道。一天，蘇東坡撰詩一首，派人過江，送給佛印禪師印證，詩上說：

稽首天中天　毫光照大千　八風吹不動　端坐紫金蓮

（八風是指人生所遇到的「稱、譏、毀、譽、利、衰、苦、樂」等八種境界，都能影響人的情緒，故形容為風。）

禪師從書僮手中接看後，就拿筆批了兩個字，馬上吩咐使者送回去。

蘇東坡以為禪師一定會讚賞自己修行參禪的境界，急忙打開一看，不料，上面寫著「放屁」兩個字，忍不住勃然大怒，匆匆乘船過江找佛印禪師理論。

船快到金山寺時，佛印禪師早站在江邊等待蘇東坡，誰知蘇東坡一見禪師就氣呼呼地說：

「禪師！我們是至交道友，我的詩、我的修行，你不讚賞也就罷了，怎麼還罵人呢？」

禪師若無其事的說：「我那有罵你呀？」

蘇東坡把詩上批的『放屁』兩字拿給禪師看。

禪師呵呵大笑說：「哦！你不是說『八風吹不動』嗎？怎麼一屁就打過江來呢？」

蘇東坡一聽，非常慚愧。

倘若全心投入，忘記一切，肯定比蘇東坡強多了。

看在旁人眼裡，這樣不在乎加班費，工時多少和升遷考核，無異一個工作狂、頭腦好像少一根筋，太不值得了，殊不知當事人卻有意外的解說。例如，台灣中研院院長李遠哲博士，某次接受一位作家訪問時，透露一段動人的回憶說：

「我經常在實驗室做得沒日沒夜，守在那裡等待一些新的結果。我的家人和朋友都勸我說要休息，要找一些娛樂來鬆弛一下，可是我告訴你呀！我最大的娛樂，就是蹲在實驗室內，看到別人沒有看到的，全新的奇妙世界，這是一種探險呀！沒有人去過的蠻荒地帶，完全一個人單獨走進去，那種感覺太好、太美妙了。」

倘若斤斤計較加班費，定時打卡下班，或考慮別人的反應如何，而失去對工作的執迷與熱愛時，李遠哲博士恐怕就拿不到舉世矚目的諾貝爾化學獎了。

剛巧我有一位好友是美國頂尖的地質學家，也是李遠哲博士的小學同窗。三十多年前，這位朋友剛拿到學位，石油業仍然欣欣向榮，多家公司高薪爭聘他，卻被他先後婉拒，反而跑去一家待遇幾乎差一半的研究機構上班，親友們非常驚訝，問他說：

「別人求都求不到，還有社會上有誰不去拿高薪工作，為何你不去呢？」

他的回答很簡單，工作興趣而已。

果然，直到他退休都沒有離開工作單位，不說深受美國地質學界的重視，且得過兩項國際專利，這些都是興趣工作，或樂在其中的最大報酬。

我的女兒專攻服裝設計，而今在國內一家成衣廠擔任外銷，不時跟設計部協商最新的服裝式樣，忙得不亦樂乎。經常加班到夜晚回家，上床前仍看她沈思帶回家的作業，幾乎不分晝夜迷在自己的專業裡，連交異性朋友的時間都忽視了。儘管如此，看她仍然把時間和娛樂投在工作裡……。

有人不知自己對工作有沒有興趣，每天懵懵懂懂上下班，唏哩嘩啦過一天算一天，說得苛薄些，有點兒像痲痺，也似虛渡人生，非常可憐。

最不幸的是，對工作沒有興趣，但被生活所迫，不得不每天上下班，或完全看在高薪的份上，只要敷衍得過去，到月底照樣領薪水，管它有無興緻，甚至有人厭憎眼前的作業，奈何無別的地方可去，就咬緊牙根硬撐下去，這是活受罪，置身在十八層地獄，可悲又可憐。

但是，人身難得，生命苦短，大可不必這樣委屈自己，禪門大德說過：「無一物中無盡藏，有花有月有樓台。」只要肯留神去培養和發掘，工作樂趣不難源源而來。有道是，路靠人走出來，工作樂趣亦不例外，但願他領悟這句禪機，能把眼前無味的工作，轉化成心愛的作業，那麼，人生的滋味會跟著不一樣。

24・職業倦怠，醫療有方

依我看，下則公案對上班族頗有啟發性：

雲巖曇晟禪師初次參訪藥山禪師時，藥山禪師問道：「你從什麼地來？」

曇晟：「百丈懷海禪師那裡來。」

藥山：「百丈有何言句開示嗎？」

曇晟：「平常都說：我有一句，百味具足。」

藥山：「鹹則鹹味，淡則淡味，不鹹不淡是常味，什麼是百味具足的一句？」

曇晟禪師無言以對。

乍聞許多上班族紛紛嘆說：「吃一行，怨一行」，或說：「我有職業疲勞。」沒錯，現代企業分工精密又複雜，每人只要專精一行，負責一門就可以，除了小公司一人兼做數職，例如，開創者當初為了省錢，盡量減低人工開銷，不得不兼任幾種職務。還有美國公司非常先進，為了展現競爭力，也重視分工；結果，每位員工彷佛一輛車子的螺絲釘，只扮演極細膩的專職角色，天天做同樣的作業，如果持續幾十年而不更換，或用別的方法調劑身心，的確讓人覺得枯燥又單調，無奈，自己又不能不咬緊牙根支撐，且怕被老闆炒魷魚，這一來，心情既緊張又苦悶，自然開始埋怨，且產生職業疲勞了。

例如，一位G女士大學商科，畢業後考進銀行，先從櫃台行員幹起，三十歲便當上組長，誰知她這時卻生起嚴重的職業倦怠感，越來越提不起勁，之後，她慢慢發現自己對固定型態的工作，及缺乏創意與變化的職務早就不耐煩，天天都幹同樣的事，除了定時領薪水以外，對工作內容毫無成就感，也看不到人生的樂趣……。

顯然，G女士對作業日久生厭了。這時，她有兩種選擇：

第一是，努力從中找尋新天地。看看能否使作業生動些、有趣些，所謂「柳暗花明又一村」、「絕處逢生」；或者改變自己的心態。佛家說：「心生萬法」，例如，律宗弘一大師有一天應好友夏丏尊邀請到白馬湖畔小住，其間，主人燒了四道菜供養弘一大師，有一道菜煮得太鹹了，弘一大師仍然吃得津津有味說：「鹹有鹹的滋味。」夏丏尊後來說：「弘公一切都好，骯髒的客棧好、破舊的蓆子好、破舊的手巾好、蘿蔔好、白菜好、鹹死人的菜飯好……什麼都好，什麼都有味。」

上班族若能從中領悟——如果一個人生活可以「什麼都好，什麼都有味」，那還有什麼不滿、還有什麼牢騷？慈濟證嚴法師不時到醫院勸告信徒說：「病痛來時，歡喜接受」，既然能夠這樣，那麼，「枯燥作業，也能歡喜想」才對。

第二是，盡量利用時間輕鬆自己，例如週末去郊遊，找好友談天、打球、唱歌、做自己喜歡的事，將工作的事全部拋在一邊，好好娛樂一下身心，這樣也能消除週期性的職業疲勞，暫時從單調中找到樂趣。

如果以上都無效，那只好辭職不幹。上述那位G女士後來選擇這條路，跑去美國深造，幾年後回國再出發，反而當了女老闆，等於徹底告別了上班族。

四十年前，我從師範學校畢業後，就去當小學教師，服務三年後才離職，其餘同學仍留在教育界苦幹，不計較待遇菲薄，之後服務二十五年滿可以申請退休，依照年齡計算，不到五十歲就申請退休的同學有好幾位，按照現代人的健康標準說，這種年齡仍屬壯年期，未來還有頗長一段日子，如果不再服務社會很可惜。於是，我好奇問那些退休的同學說：「何不再教幾年書，等到六十五歲才退休呢？」他們紛紛表現厭怠感，以無奈的語氣答說：「教了二十幾年書累了，尤其最後幾年，一看到那些孩童，簡直煩死了。」

果真如此，那也難怪他們要抓住機會退下來。然而，還有大部份同學仍在教育崗位，兒大女大，甚至做了爺爺奶奶，根本不愁生活，也孜孜不倦，不忘春風化雨，表示要堅持到強迫退休為止，我問他們說：「何必這樣辛苦呢？」其實，他們另有獨特的工作觀，且聽他們的心聲：

「社會上各種行業都劇烈競爭，同事們勾心鬥角，所做的事也很複雜，那有像我們可以天天面對天真的兒童，何況現代人營養好，兒童長得個個可愛，從不會學到會，做老師的能夠充分體會一種成就感。所以，我始終覺得蠻有意思，走到街上，幾乎個個都叫我老師，教久了有什麼不好？」

乍聽下，這不就是上述鹹有鹹味，淡有淡味的註解嗎？

任何一種作業，只要認真鑽研，便會愈鑽愈有趣，也會愈來愈有心得，表面上好像無聊，天天反覆，煩都煩死了，殊不知好事在後頭，愈精彩、愈珍貴的部份，常常不輕易顯露，肯定躲藏在暗處，只要留神揭發，必有所得，所以不要輕言作罷，或中途放棄，更不宜牢騷滿腹，做得不耐煩的樣子。

果真發現再也做不下去，那就趕緊離去，但也別忘了一切都要從新開始，新工作有新困難，和新盲點等待去面對，結果也未必輕鬆，未必有興趣，改換之前，即須三思後行，反正一切靠自己，下則報載可以參考！

一位美國太太A女士拋開一份坐在辦公室的工作和六位數的收入，跑去烹飪學校學手藝，目的是「想做自己最感興趣的事，成為自己的主人。」同時，她發現大多數同學是轉換跑道的上班族，誠如該校校長說：「這些人覺得工作乏味，才下定決心來。『興趣』是其中最大的關鍵。」還有工作不安全感也使上班族投入廚師行列，至少這種工作也能開創事業的第二春。

25．攀緣請託，可有可無

半個世紀前，台灣公私機構簡直沒有嚴格與健全的人事制度；若要用人，或某人想找個事做，混口飯吃，人事背景比什麼都重要。只要結識個有權勢的人，那就不愁沒有班可上，即使上了班，裡面主管又是自己人，或扯得上某種關係，那也能保證自己爬升比別人快，同時得到較好的職務，因為人事與背景至上也。

記憶裡，一位大學同學留學返國後，承蒙他的教授推薦去一家財團法人的大公司就業，不久，那家公司又公開召考大批職員了。據他透露，縱使表面上召考許多新人，但走後門者仍然不在少數。若說私人的小公司就無可厚非，反正老闆想怎樣就怎樣，喜歡誰就錄用誰，別人管不著，沒有人事制度亦無妨，但在稍有規模的公司恐怕就不行，也許兼而有之，採用正式與非正式的混合制，大開前門與後門，方便大量求職者。所以，走後門或靠人推薦，在工商業發達的社會也沒有完全絕跡，只是較罕見，較特殊罷了。

前幾年，一位朋友在洛杉磯幹了十多年電腦生意，他以前學電腦，畢業後幹本行，真正學以致用，不論電腦知識和市場經驗都有一手，奈因最近家庭出了問題，被迫連生意也做不下去。他為了想回國發揮所長，在一位同窗的推薦下，順利回到新竹科學園區一家電腦公司找到高薪職位，這可說完全得力昔日老友的穿針引線，才如願以償。

但仔細一想，若要讓人推薦也得有一項先決條件，就是自己要有料，即真才實學，包括豐富的學經歷，或卓越的才能。若不，就不會有那家公司肯讓你享受「白吃的午餐」，即不學無術，也硬給你安插個位置，或看推薦人情面，而讓你領乾薪，縱使有之，也不能保險那是鐵飯碗，同理，推薦信亦非護身符，切記！切記！少動這個腦筋為妙！

而今國內求人求職的資訊發達，雙方需求很熱絡，若真想找到自己的最愛，從求職人的觀點說，便是待遇好、離家近、工作輕鬆、福利優厚等，也沒那麼容易進去。在粥少僧多，競爭劇烈下脫穎而出，除了要有真本事，突破層層關卡，不可否認的是附有某人的美言與推薦，不論信函、電話、言語都無妨，肯定比較有希望。美國公司也有類似的情形，他們用人會要求對方留下以前僱主或主管電話，以便暗中打聽你的實際，包括人品、學識、專長，當作重要參考。

再說有人頗有志氣，亦有才能，縱使自己有良好的人情可託，甚至走後門也不為難，但他不屑為之，寧可參與公平競爭，大大方方憑本事進去，一則心安理得，二則表現光榮，三則凸顯風格，的確讓人擊掌、讓人肯定。

這彷彿『三國演義』那則膾炙人口的故事——一位號稱鳳雛先生的龐統，才高八斗，足可比擬諸葛孔明，奈因官途坎苛，後來蒙得孔明和魯肅的推薦函，叫他去見劉備可以謀得一官半職，誰知龐統見到劉備，完全不提這事，他只想憑真才實學獲重用，後來果然如願了——若他一開始用推薦信，肯定會早獲重用，官途順利。

同理，求職人除有真本事，加上人事背景，那他不僅能順利進去，可能以後升遷也比別人快，肥缺也容易佔到，蓋因立足點比別人高，起跑後也會捷足先登，如果沒有意外，那他在公司的前景是不難預料的。

但千萬別忘記：進來雖然得力於人事，或靠那封推薦信，但上班後的表現更重要，一般私人機構比較淡視年功序列，也就是學歷與經歷，反而較重視能力表現，那才是替公司賺錢的憑據。

推銷員的例子最明顯，管你有什麼學位或經歷，甚至是誰介紹進來都無妨，只要業績的數字高，替公司賺大錢，就會受重用，也爬得快，縱使本公司不用你，別家公司也會爭聘你，這正是公私機關最大的不同處。換句話說，私人機構充滿機會與挑戰，有危機亦有轉機，一切以能力為依歸，有能力說話也大聲。這時候，光靠推薦信進來，而無真本事的人，就一籌莫展，蹚乎其後矣！

憑常識來說，凡是充滿活力與衝勁的公司，都不太有人情味，欠缺人性化，高薪與升遷靠自己的業績決定，也許這就是商場如戰場，和真正資本主義的縮影！

以下公案可供上班族深思，之後，不難得到意外的領悟和意外的受用。

宋朝雪竇禪師在淮水旁遇到朝廷大學士曾會先生。

曾會問道：「禪師，您要去那裡？」

雪竇禪師答道：「不一定，也許往錢塘，也許到天台方面看看。」

曾會就建議道：「靈隱寺的住持珊禪師跟我很好，我寫封介紹信給您帶去，他定會好好招待您。」

可是，雪竇禪師到了靈隱寺時，並沒有把介紹信拿出來求見住持，一直埋首在大眾中過了三年。三年後，曾會奉令出使浙江，順便去靈隱寺去找雪竇禪師，但寺僧卻沒有人知道有這麼一個人，曾會不信，便自己去雲水所住的僧房內，在一千多位僧眾中找來找去，才找到雪竇，便問說：

「你為什麼不去見住持而隱藏在這裡？是不是我為你寫的介紹信丟了？」

雪竇：「不敢，不敢，因我是一個雲水僧，一無所求，所以，不做你的郵差呀！」

只見他從袖裡拿出原封不動的介紹信交還給曾會，雙方哈哈大笑。曾會即將雪竇引進與住持珊禪師，珊禪師甚惜其才，之後蘇州翠峰寺欠住持時，就推薦雪竇任其住持。

（『星雲禪話』第一集）

這是另一種思考與作風，致向中國社會沿襲已久的攀龍附鳳，和循私巴結的陋習挑戰，不愧一樁壯舉。若將這種風範放在企業裡，凡事追求效率，依照法理，結果何愁公司不進步？上班族應該信受奉行，於公於私都會好。

最後一言：六祖惠能大師初謁五祖，也沒人給他推薦引進，全靠他反應機警，遇招拆招，才得進門修行。之後也沒去諂媚、循私或打小報告，結果意外得到五祖的衣缽，正是禪門一向的宗風。但願現代上班族不論在公私機構就職，都該向大德們學樣，憑實力爭取成就呀！

26·結緣絆腳石，傲慢屬第一

有句禪話說「廣結善緣」，跟俗話的「以和為貴」是二而一，一而二，這對上班族的生活十分重要，切記！切記！

有人反其道而行，下場肯定很悲哀。其所以這樣，最大原因不外傲慢或執著，即使心術不太壞，也會生出許多負面影響。例如同事會遠離他，羞與為伍，讓他一直孤單、落寂，這樣的日子難過極了。即使他是個主管，部下對他也會敬而遠之，除了公事接觸，談些應酬話，也不願進一步相交。這一來，這個主管高處不勝寒，也很難過生活，所以，傲慢就是廣結善緣的最大剋星，也是不能與人和睦相處的最大阻礙。

傲慢的註解，就是自以為是，總以為比別人棒或高人一等，不把對方看在眼裡，而表現咄咄逼人的態度。說真的，這種人誰都討厭，他很難交到知心朋友，永遠悒悒不樂，一日不去掉傲慢心，就一日不能快活，如果情狀嚴重，恐怕不到退休年齡，也會生出病來，而且不只是生理的病，也會有精神病。可見不能小看傲慢對人的殺傷力，它對人的事業影響也非同小可，相信銀髮族都有豐富的人生閱歷，也不會對這一點持反對意見才對。

在這方面，無德禪師有一番教誡與譬喻很深刻，上班族都應該自覺，果真有這種毛病，就須自我治療，因為別人很難幫上什麼忙。

一個學僧對無德禪師說道：

「禪師！在你座下參學，我已感到夠了，現在想跟您告假，因為我想出去雲遊了。」

「什麼是夠了呢？」

「夠了就是滿了，裝不下去了。」

「那麼在你走之前，去裝一盆石子來談話吧！」

學僧依照無德禪師的吩咐，把一大盆石子拿來。

禪師：「這一盆石子滿了嗎？」

學僧：「滿了。」

禪師隨手抓了好幾把砂，摻入盆裡，砂倒沒有溢出來。

禪師問道：「滿了嗎？」

「滿了。」

禪師又抓起一把石灰，摻入盆裡，還沒有溢出來。

禪師再問：「滿了嗎？」

「滿了。」

禪師順手又倒了一盆水下去，仍然沒有溢出來。

「滿了嗎？」禪師又問。

「……」

倘若讀完後還不能反省自覺，可說病入膏肓，無藥可救了，這種上班族不僅前途無「亮」，事業發展有限，日常生活也瀕臨地獄邊緣。

十幾年前，一位親戚剛從國立大學畢業，體能有缺陷，不必服兵役，就被他一位當鎮長的長輩請去做秘書，也許他剛入社會，不知世間滄桑和人心險惡，當年鎮公所職員的教育程度不高，看在這位大學畢業的秘書眼裡，無疑太沒水準了。於是，平時對待他（她）們像指婢喚奴，言詞很不客氣，趾高氣昂的態度，令人看了嘔心。雖然，大家不敢當面嗤之以鼻，背後卻人人罵他：「臭屁什麼？」「有什麼好衝？」

並給他取了各種難聽與苛薄的外號，奇怪的是，他略有耳聞也無動於衷，真是「江山易改，品性難移」也。

他交待的公事，員工雖然照辦不誤，但絕不多做一分鐘，下班時間，就匆匆收拾離去了。反正公家機關是鐵飯碗，連鎮長也不能開除誰，遑論臨時性質的秘書？結果，這位秘書的領導效率被打折扣，職工甚至陽奉陰違，趁他不注意拉他後腿，這樣會間接影響到鎮長的聲譽，最後果然被鎮長炒魷魚了。

旁觀者清，顯然他沒有悟解「結緣的」智慧。『碧巖錄』說：

「應緣不錯，同道唱和，妙玄獨腳。」

意謂人要一面同道唱和，一面獨腳前進，人生旅程或上班作業看似踽踽獨行，其實要跟萬人同道。

任何公私團體，都重視競爭力和工作效率，而這不是個人能勝任的，非靠團隊合作不可。這一來，上下和諧，左右逢源的人際關係，皆必要靠「廣結善緣」來推動。那麼，領導傲慢會得反效果，身為主管的上班族要牢牢記住。

進入社會以後，真正用到專業知識的時候可能不多，人際關係反而更重要，而這個在學校常常被忽視，許多功課極好的人，這方面顯得路外差勁，不是孤僻脾氣，便是目中無人，即使以後不走創業的路，置身上班族也不見得好混！

每個人都不是圓滿無缺，但在諸多壞習性裏，恐怕傲慢最不能等閒，包括態度和言語方面……。

冰凍三尺，非一日之寒，自己的脾氣好壞不是一天兩天所造成的，而是漫長歲月裡，從小在家庭和學校就逐漸點滴形成了，所以，要靠自己非常努力和決心去破解才行。

上班族的傲慢，通常是恃才與後台，前者不一定有用，須知人外有人，且人人都有自己的一套，就某方面來說，誰也不比誰差，不是凡事都要靠學識！至於後者的人事背景更不可靠，那也不會永遠不變，因緣無常，人不可能一直得意……總之，要用包容心與謙虛待人處世才對。

還有得罪人容易，要交個好朋友可得付出更多，若把同事們得罪完了，以後還會好混嗎？別人即使不害你，也絕對不會來幫你哩！

27・盡本份，意義大

閩南話「太雞婆」，意指好管閒事，反過來說，「不雞婆」即是做好份內的事。在辦公室內盡量要自掃門前雪，別掃他人瓦上霜，免得聽到「你真雞婆」的評語，就得不償失了。

俗話說「拿誰的錢，就做誰的事」，或「拿多少錢，就幹多少事」，某方面說，頗有警惕的道理，或許有些自私，其實也有「盡本份」的週延解釋。的確，別人不開口要求，何必要你插手？這樣，會置對方於何地？將心比心，要是你遇到這種人，碰到這種事，難道也能以平常心面對嗎？恐怕夠難吧！

有時候，頂頭上司剛巧是自己的親戚或好友，你在得意之餘，不免越俎代庖，或趁他出差、請假時，動輒藉口他的吩咐或交待，而指使其他同事做這個、幹那個，這一來，肯定同事們會在背後罵你「太雞婆」、「太三八」，同時，很難跟他們真正做朋友，因為他們不會相信你，把你看作主管的代理人，或更難聽的「走狗」之流也。

早年，我在一所中學教書，辦公室排在教務處，教務主任一位侄子剛好是辦公室的工友，名叫阿榮，老師們客氣稱他「阿榮哥」，其實私底下非常憎恨他，不知是他熱心過頭，還是狐假虎威，經常聽他開口閉口：「這是主任的命令。」「那是主任特別交待我轉告的……。」語氣咄咄逼人，教師們表面不想得罪他，只在私底下埋怨他說：「乞丐趕廟公」，「何不看看自己什麼身份？」深怕他在主任面前說三道四，影響到自己的評鑑。

當然，做事熱心應該被鼓勵，也要被期待，但僅止於份內的事，除非私交特殊，或彼此的事情牽連太密切，那麼，自己多做一些也無妨，而不必去斤斤計較，或別人央求，才要伸出援手。不然，自己一番好意可能沒有好報，但看在老闆或主管眼裡，熱心過頭的表現也許有不錯的評估，例如將這看作一種優越表現，而影響以後的出路或前途。

有時，做事撈過界也會遭同事嫉妒與誤解，同樣「吃人頭路，何必太認真嘛！」或說「真會拍馬屁，難怪考績會甲等。」想要以和為貴，或一意孤行，不妨冷靜想想看，當然，分寸拿捏好，進退恰當最理想。

辦公室內若有不法，涉及錢財或不誠實的話，怎麼辦呢？要同流合污去狼狽為奸，還是堅守清白的原則，不理睬，也不密報呢？原則上，還是那句老話，自己盡本份才對。但也要看什麼情況，才該採取什麼行動？執著原則有時未必適宜。

例如，一位好友G先生在國內某間公家機關上班，他是某科的留美博士，平時只知埋頭苦幹，算是標準的學者風範。無如，該所所長很會社交，長袖善舞第一流，不時向外界請到補助金，表面在做研究，其實，以主管為核心的一群同事都在陽奉陰違，研究不認真，提出草率報告去應付，反正國內也沒有客觀評鑑標準，只要有作業可看就行啦！最後是利益均霑，見者有份。

偏偏那位G先生不願參與，不想要那筆額外補助，亦不便洩露機密，揭發內幕，便藉口出國考察一段日子，等於出來透一口氣。乍看下，他盡了本份，若從大局著想，似乎也失去學者的良知，太過鄉愿的作風。所以，我勸他要三思，和反省這樣做法算不算最恰當？或零缺點呢？

也許有人以為「死守崗位」，未免缺乏鬥志、幹勁不足，意謂只做平凡的事，無疑失去生活的樂趣與價值。其實不然，越平常、越不起眼的作業，也是最踏實、最基礎的一環，別看一輛汽車跑得快，或一隻火箭升空有夠威風，殊不知只要一顆螺絲釘的品質惡劣，那麼，牽一髮動全身，立刻會使汽車出問題、火箭中途爆炸，後果可想而知了。所以，這跟修禪一樣，可別小看挑水擔柴微不足道，行住坐臥，無什麼稀奇，其實有非比尋常的重要性存在哩！

例如一個修禪者問睦州禪師說道：「我們每天都要穿衣吃飯，並且天天重複，簡直煩透了，請問要怎樣免除呢？」

睦州禪師回答得蠻有意思，只聽他說：「怎樣免除這麼多麻煩呢？我們只有每天穿衣吃飯。」

這位修禪人聽了十分納悶，坦言「莫宰羊」啦！

睦州禪師非常肯定開示他說：「如果你不了解，那你就每天穿衣吃飯吧！」

沒錯，禪修是單純的作業，但它不離現實生活，也不忘最後目標，他們吃飯卻能吃得津津有味，那怕當年青菜蕃薯湯，恐怕連豆腐、豆渣也難得品嚐，最後還不是成就法門龍象、高僧大德。同理，上班族在公司組織裡，分擔一丁點作業，若能做得踏實和成功，也能分享整體的利益，年終獎金照樣少不了你一份。所以，不肯盡本份會鬆動公司的根基，反作用不能等閒哩！

28・敬業精神，不能等閒

下則禪話強調敬業精神，大意說：

有一個青年名叫光藏，未學佛前，一心想成為雕刻家，故特別去拜訪東雲禪師，希望能從禪師口中得到一些佛像的常識，讓自己在雕刻上成就非凡。

東雲禪師接見了他，什麼也沒說，只吩咐他去井邊汲水。不料，禪師目睹光藏汲水的動作，突然大發雷霆，破口大罵，並下逐客令。

那時已經天黑了，其他徒眾很同情光藏，便代他央求師父網開一面，暫且收回成命，讓他住一個晚上再走吧！

到了深夜，光藏被人喚醒，去見東雲禪師，誰知禪師面露慈祥，語氣非常溫和，跟白天責罵的表現完全迴異，只聽他說：

「也許你不知道我昨晚為什麼罵你？我現在告訴你，佛像是被人膜拜的，所以對被參拜的佛像，雕刻者要很虔誠，才能雕塑出莊嚴的佛像，白天我看你汲水時，水都溢出桶外，雖是少量的水，但那都是福德因緣所賜予的，而你卻毫不在乎。像你這樣不知惜福，且輕易浪費的人，怎能雕刻佛像呢？」

光藏聽了禪師的訓示，頗為慚愧，反省之餘，終於入門為弟子，對佛像的雕刻技藝也更上一層樓，且有獨到之處。

有人說「做一行，怨一行」，就是徹底違背敬業精神，反之，應有「敬業樂群」的態度，才是上班族的座右銘。

好幾次報載台北市政府要僱用幾名工友，居然有好幾十名大專畢業生，甚至幾名碩士去應徵，可見職業難求，但我心中想，即使他們被錄用了，作業本身難不倒他們，問題是能否克服自己心理的障礙——埋怨、自卑、不甘……等，都是敬業精神的絆腳石，若不能清除它，恐怕上班後也很難有好日子過，那會構成沈重的心理壓力。

上班族一旦學非所用，而又執者看不開，或降格做不合身份的事，都容易失去敬業精神，而變成敷衍塞責，一天過一天，完全在混日子。果真如此，乾脆不做也罷，另外找出路才好，因為人身難得，生命寶貴，且來日方長，何必這樣不聰明呢？既對不起自己，也對不起工作和付薪水的資方呀！

一位好友在洛杉磯經營汽車旅館，那年暑假有一名讀博士的留學生來打工，因為那位留學生身上的錢花光了，為了生活和學費，不得不中途輟學打工，好工作找不到，就飢不擇食來旅館幹清潔工。

作業粗重，例如掃房間、洗廁所、換床單與枕頭套、擦玻璃、地毯吸塵和倒垃圾，奈因他滿肚子士大夫觀念，自覺非常委屈，在百般無奈下，不時氣憤地用腳踢著髒床單和清掃工具，懶得用手拿，滿臉不屑的表情，好幾次竟把清潔劑的瓶子踢破了，一次剛巧被老闆看見，就不客氣地警告他說：

「你別以為清潔工有辱博士的身份，那是你自願上門，也曾口口聲聲央求我僱用你，不然會繳不起房租，我才同情你、收容你；不然，我可以用更便宜的工資請別人，你既然來了，就要好好做，這是起碼的敬業精神，不能用這樣心不甘、情不願的態度，如果不改正，明天就不用上班了，我馬上把工資給你算清楚，你自己看著辦好啦！」

那名博士留學生聽了果然改變了，鄙視作業的態度，始知事態嚴重，從此總算明白了敬業的重要。

沒錯，每天上班為了領薪水，沒人會去白幹，但與這同樣重要的是——熱愛自己的工作，忠於自己的職位，投入眼前的作業。

以前，日本人習慣終身職，進入那家公司，做了那一行業，直到退休為止，不論待遇和職務，忠貞和敬愛到底，依中國人看來，可能會譏笑他們「愚忠」，殊不知道這也是敬業精神的徹底實踐，值得讚嘆擊掌，如果不肯敬業，工作就不會專心和投入，這樣，品質也不可能提升，那麼，後果也就可想而知了。

我在洛杉磯住了十五年，看過太多新移民適應新環境和找工作的苦惱，因為美國人心目中「工作無貴賤，只要有高薪」，影響所及，大大影響和教化了新移民的職業觀，那怕他（她）們在自己是醫師、工程師、教師或什麼紳士淑女階級，到了這裡人生地不熟，便也入境問俗，或隨波逐流，而慢慢接受了美國人的職業觀，不顧一切去幹那聽來會令人咋舌的工作。

例如A先生到附近一家賭館上班，專替客人發賭牌，月入比銀行職員優厚兩倍多，不但養活一家五口，還能存錢買房子，難怪幾次看他得意地邀我們去那裡玩牌，語氣間絲毫不在乎自己在幹「賤業」，或有什麼羞愧心態，反而呈現很自愛又自然的敬業態度，我心想，這是他適應新環境了呢？有苦難言呢？還是勇敢接受美國化了呢？恐怕只有他自己才能回答了。

一位G小姐高商畢業後，本來可到一家建築公司當會計，每月領固定薪水，但她寧願去一家保險公司上班，底薪微薄，收入全看業績，若拉不到客戶，底薪就養不活自己，誰知她偏愛這份工作，天天看她高興上班去，家人責罵她太傻、太固執，但她都振振有詞地說道：

「整天坐在辦公室記帳有什麼好？煩死人了，我喜歡挑戰性工作，這樣才能看出自己的真本事。」

短短兩三年，她果然當了最年輕的課長，可見她的成就來自對工作的熱愛與投入，而這正是敬業的報酬，誰也搶不走的。

29・上班生活外一章

提到上班族的性生活也許有些滑稽，或似不倫不類，其實也蠻重要，因為美好的性生活有助於生活壓力的紓解，有些上班族每天早出晚歸、作業固定、生活單調，而有些則忙碌一天，工作壓力沈重，不論那一方都需要兩性生活的和諧，何況食色性也，對已婚未婚一樣不能忽視，故它有某種特殊意義，不妨敘述。

有趣的是，去年日本某研究單位對東京一群已婚上班族做過性生活的調查，結果意外地發現在忙碌緊張，和日漸疏離的兩性生活中，他（她）們的親密行為已經不一定必要，所以叫「無性夫妻」。

這可說現代夫婦上班生活中很奇異而有趣的現象。依我看，這種狀況不止於日本上班族，恐怕是所有大都會上班族的常態也說不定。

記憶裡，我早期也曾在東京和台北市兩個大都會上班，寓所在郊區，每天花在上下班的通勤時間，就要三、四個小時，在擁擠的人群中奔波，顯得身心特別疲憊，若加上辦公室的作業勞心，直到下班回到家裡，簡直連腳步也蹣跚起來，但也要幫忙太太做些廚房的事，那時還沒有兒女，等到晚膳完畢，才稍微振作精神，之後洗澡、讀報紙、看電視、夫婦話家常……總之，白天生活如此緊湊，等到就寢時刻，已經快到深夜了，試想此時此刻，夫妻不都希望趕快入睡，進到夢鄉嗎？即使沒有親密行為，日子也過得有充實感了。

台灣杏陵基金會一位林女士說，在腳步快、節奏緊的社會，無性夫婦有日益增多的趨勢，不過，性與愛要分開來看，沒有性不一定沒有愛，性行為可以自己控制和選擇，只要雙方開誠布公、互敬互諒，也不一定會影響夫妻的美滿生活……

說真的，現代家庭夫婦上班的例子太多了，雙方白天忙碌，回到家又忙著孩子和家務，而這些推也推不掉，且必須在規定時辰內完成，等到大家都上了床，恐怕都恨不得閉上眼睛，一覺到天亮，所以，其他一切都顯得不重要了。

也許有人說，性是人類基本與重要的慾望之一，柏拉圖式的夫婦生活恐怕不多，儘管如此，但也不見得不能遷就現實。

例如，被公司派出外地的員工，不能攜家帶眷，只好暫時過單身日子，還有在前線保家衛國的軍人，以及目前帶著孩子到國外坐移民監的人，也統統是「無性夫妻」，可見上班族夫妻在這方面不會是嚴重問題。

單身上班族雖然沒有正常或穩定的性生活，但有些擁有固定的異性朋友，在兩性關係這樣自由與開放的今天，恐怕性生活對他（她）們早已不存在了。即使沒有異性伴侶，時下也有形形色色的社交活動，例如跳舞、聊天、唱歌郊遊……等異性接觸活動可以取代，藉此紓解年輕上班族的性慾活動，所以對他（她）們也沒有什麼好憂慮。何況，人類是有靈性的動物，除了天生白痴與智障，其他正常人也都有充分能力超脫、轉化和自制性的衝動。

有些人上早晚班，例如報社編輯、演藝人員幾乎都在晚班，多少也影響到正常的夫妻生活，但每人都有辦法替自己解套，不會僵在性生活的不協調上，而鬧成不美滿的婚姻或生活。

雖說禪師們理掉了三千煩惱絲，披上了莊嚴的袈裟，但也不表示他（她）們早已超脫性慾之外，不再拘泥於六根——眼耳鼻舌身意——的苦惱，不可否認的是，有些功力極高的禪修者幾乎已到融通無礙、自由自在的地步。例如道元禪師說：

「唯將身心盡悉離妄，投入佛門，皈依佛祖，不使勁，不費心，脫離生死，即能成佛。」

但是，修到如此境界不容易，那麼，不妨再看泰國一位禪門大德阿姜查，他是近代佛教界的一顆閃亮的慧星，修行造詣有口皆碑，但也曾坦露自己對治性慾的體驗，既有理性，又充滿人情味，且聽他說：

「淫慾應該靠不淨觀來對治……，執著身體的形色是一個極端，我們要在心中保持對立。把身體看成一具屍體，觀想身體腐壞的過程和身體各部份如肺、脾、脂肪、糞便等。當淫慾生起的時候，記住這些，努力觀想身體不淨的一面，只有這樣才容易讓人擺脫淫念。」

當然，這是極端消除淫慾的方法，上班族夫妻不至於這樣，僅供沒有異性伴侶的人參考和酌量實踐，那也多少能駕控生理的苦惱，讓自己在性的衝動下得到內心的平靜，且能保持正常的工作幹勁。

禪修者重視反觀自性，洗滌自己內心的污穢，有時抽空冷靜下來，內心也能湧出清醒的自覺，跳出六根的糾纏，而不執迷於生理慾望，也是喜事一樁，敬盼年輕上班族格外領悟這一招，必然受用匪淺。

30・上班族的理財技巧

俗話說「錢不露白」，若讓別人知道自己有錢，難免會遭到許多意外的苦惱，甚至會招致生命的危險。

即使在同一家公司，甚至同一間辦公室內，也最好別讓同事們知曉太多自己的經濟狀況，當然，只讓極少數的知心好友明白是難免的，也是可以理解的。倘若自己非常貧困，全靠薪水養家活口，那麼，在功利主義熾烈的今天，也恐怕會遭到同事們輕蔑、譏笑或同情，這又是何苦呢？

如果很有錢，私蓄不少，銀行存款的數目超過好幾位數字，更不宜向人炫耀，讓太多同事們知曉羨慕之餘，恐怕也會嫉妒或猜忌；如果有人向自己開口借錢，馬上嚴詞拒絕，肯定會得罪他（她）。

這一來，天天見面很尷尬，更會傷感情，借了也怕對方不按時償還，藉故拖延，讓自己操心，當然，賴皮不還的例證十分罕見，但也要提防意外，反正尚未拿到償款之前，自己總不會安心的。

通常，敢向自己開口借錢的，不外幾位知己而已。這時候，如果金額大，比較容易推掉或婉轉拒絕；金額小，也要看對方的信用與平時為人的態度來決定。有時候，好友急需用錢，開口向自己調頭寸，依我的經驗，不妨本著「救急不救窮」的胸懷，去解除他（她）的燃眉之困，那麼，自己也能受用「助人之樂」。更有助於彼此的友情。

寫到這兒，我想起雲門禪師「宜默不宜喧」的風範，可以詮釋上述的題旨。靈樹院有一年夏安居的時候，五代時的後漢劉王禮聘雲門禪師及其寺內大眾全體到王宮過夏。

諸位法師在宮內接受宮女們禮敬問法，熱鬧極了。尤其劉王十分虔誠，每天禮請法師禪修講經，寺中耆宿也都樂意向宮女和太監們說法。當時，惟有雲門禪師一人在一旁默默坐禪，致使宮女們都不敢親近和請示他。

有一位值殿的官員，經常目睹這種情狀，就向雲門禪師請示法要，雲門禪師總是沈默，對方不但不以為忤，反而更加尊敬，就在碧五殿前貼一首詩道：

「大智修行始是禪，禪門宜默不宜喧，萬般巧說爭如實，輸卻禪門總不言。」

由此引申，有錢沒錢是自己的事，都要宜默不宜喧，否則，會惹來兩種不同性質的煩惱，擾亂清淨生活。

現在最流行的「互助會」，也是最常見的錢財交流之道，無息貸款給同事們，可以解決某人急需之困，但這種情形以公家機關的上班族比較妥當，因為同事們的流動性小，不太可能捲款私逃，放棄以後的大筆退休金，尤其會傷害到名譽。

反觀私人公司常見倒會，或跑會現象，所以同事們倡會、組會也要小心。更不可原諒的是，從前的倒會，或跑會者，事發後覺得沒面子，或苦苦哀求受害人寬恕，而今時代不一樣，有些倒會者很不在乎，見面也若無其事，完全不重視自己的信用與人格。

這時候，公司當局也不可能干涉員工們的私事，被倒的會員只有自認倒楣了，與其悔不當初，不如慎之於始，才是明智之舉。

好幾年前，國內不少投資公司專門動上班族的腦筋，用各種花招引誘他們的貪財心，高喊「不出門，也能賺大錢」，紛紛用極誘人的高利息，吸引他們小額投入，按月交付他們利息。

例如，一位在國中當職員的女性親戚，那年就將自己四十萬元的儲蓄，從銀行定期存款中挪出來，轉投到一家鴻源投資公司，起初半年的確分到頗豐的利息，其他同事們看了眼紅，也紛紛跟進，不料一年後血本無歸，害她開始一段日子裡，一想到就睡不著，口中大罵那家投資公司沒有良心，上班多年的心血從此泡湯。

平心而論，千錯萬錯，錯在她太貪心了，假若她能悟解無業禪師的教誡：「莫妄想」，肯定不會損失慘重。無業禪師是唐朝一位高僧，曾在馬祖門下長大，不管人家問他什麼，都一律回答：「莫妄想。」倘若那位親戚也能用這句話回答投資公司招誘，也不會步入陷阱了。

上班族有穩定的收入，每月量入為出，自然有些剩餘，但也不要胡思亂想，貪婪高利貸；反之，往比較務實和妥當的方式投資才對。

31．三思後辭，萬無一失

有人剛從學校畢業，為了解決生活，費時好久，都不能如願找到一份理想的工作，在焦灼中，只好隨便找一份差事，先有些收入，工作性質姑且不論，反正不會待太久，抱著騎驢找馬的心態。

我想，這是人之常情，也是多見的現象吧！

或許有人習慣了眼前的作業，且待遇、職場條件、和同事感情也還可以，但突然出現一個更好的工作機會，那麼，自己該不該去呢？的確要思考一陣子，也會猶豫不決。

說真的，有人換公司或換工作的原因，不外眼前作業太枯燥、不符合專長、沒有前途、公司不穩，同事間相處不融洽或主管不好，但又非忍不可……。

所以想要辭職，但也別忘了辭職以前，先要再三確認新公司的各種狀況，是否就能彌補眼前的缺失，難道那邊就沒有其他缺點嗎？自己到底看中對方哪一點呢？待遇好？離家近？人事單純？異性朋友多？更有發展前景？從各角度評估後，才可以辭去現在的工作。

千萬不能只看到一點，就貿然離職，等到去了發覺不對勁，那麼，好馬不吃回頭草，這時已經懊悔莫及。

還有更重要的考慮是，確認的情報，或打聽的對象與內容到底確不確實？是否聽片面之詞，及道聽塗說？也別以為辭去工作，再來專心找尋也無妨，如果一不注意就採取行動，後果堪憂。

有人以為自己的交游廣、路線多，情報靈，或很會鑽，便會有所得，那也很危險，因為身上有些儲蓄，也會坐吃山空，等到幾次失望，那麼，恐懼與焦灼會加深，驀然回首，三十多年前，我也有過幾次痛苦的經驗。

那年，我離開台塑公司，改在南京東路跟中山北路交叉口一家傳播公司上班，職務是企劃部副理，名銜蠻好聽，其實小公司的每一單位只有三、四個人，只是為了方便接觸客戶，才刻意授予響亮頭銜，我總覺得那種工作沒有內涵，亦不需什麼專長，所謂好創意或好思考，也都似有所指，而實無所指，我不時尋思，這樣下去沒有前途，雖說手上有幾家固定大客戶，例如某家航空公司、船運公司和大電器行，但也不能一輩子待下去呀……。

這時，我沒跟太太商量好，就輕率辭職了，心想太太在中學教書，沒有後顧之憂，憑自己的學經歷豐富，和兩種外文造詣，還怕找不到事做嗎？這是我的如意算盤，誰知等了一兩個月，應徵結果紛紛落空，託人代伐的音訊也都令我沮喪，還有更糟的是，房租漲價，長女生下後，不時添購奶粉、尿布、嬰兒服……家庭支出倍增，存款天天減少。

這一天，太太開始埋怨了，不斷催促我快馬加鞭，不論如何也得在最近期內找到事做，否則，存款花光就不妙了。這時，我有說不出的懊悔和惶恐。尋尋復尋尋，幾乎到處碰壁，最後，就到青輔會去登記覓職了。

總之，找理想工作是人生的大事，難怪有人說：「男人選錯行，無異女人嫁錯郎。」慎之於始，好好評估，之後非到萬不得已，不宜輕率見異思遷，否則，就要付出慘痛代價。

下則禪話契合本題的旨趣，可供上班族省思，到底東換西換，任意來去適不適當？凡事宜想清楚，再付諸行動，即使幸運找到事做，仍然當上班族，到每家公司永遠是一位新職員，不能深入狀況，無形中損失很大。

唐朝時代有一位隱峰禪師，一天向馬祖道一禪師告辭，臨行時，馬祖禪師問道：

一向什麼地方去？」

隱峰禪師道：「到南嶽石頭希遷禪師那裡去。」

馬祖禪師一聽就說道：「石頭路滑。」意思是說你要到石頭希遷那裡去，不簡單，石頭希遷禪師的禪風不易參透。

隱峰禪師不以為然，就說：「竿木隨身，逢場作戲。」就是說我自有我的武器，我自有我的方便，有道是：兵來將擋，水來土掩。

馬祖道一禪師就允許隱峰禪師從江西到湖南去拜會石頭希遷禪師。

隱峰禪師到了石頭希遷的道場的時候，見到石頭希遷在禪床上打坐，他就繞他的禪床一周，並振動錫杖，問石頭希遷禪師說：

「是什麼宗旨？」

石頭希遷禪師不理睬。過了許久，只說了一句話：

「蒼天蒼天。」

隱峰禪師不知所以，不得已，只好又回到馬祖道一禪師那裡，把和石頭希遷禪師相會的情形說了一遍。馬祖道一禪師指示道：

「你再去，聽到石頭禪師呼『蒼天蒼天』的時候，你就『噓！噓！』。」

隱峰禪師依言再到南獄石頭希遷那裡，依前問：

「是何宗旨？」

石頭希遷禪師立刻從口中發出「噓！噓！」

哎唷，本來是希望石頭希遷禪師再喊「蒼天蒼天」，隱峰就自己來「噓！噓！」現在給石頭希遷禪師先「噓！」了去，隱峰禪師又不知道如何應對，黯然歸來，向馬祖道一禪師報告一切。

馬祖就用安慰的口吻說道：「我向你說石頭路滑。」

（錄自『星雲禪話』第五集）

現代上班族不宜倣效隱峰禪師跑來跑去，昧於「謀後再動」的精諦，則很容易兩邊不討好，難得安居的地方。

32・工作狂，不自然

人的全身精力有一定限度，用去多少，就該補充多少，才能維持平衡，這是人類最起碼的常識，不是現代人才懂得，而休息也算補充精力的方式之一，因此，休息或休假是必須的，難怪當初發明一週七天，而第七天要放假，讓人們從作業中歇下來，乃是人類的重大發明之一。乍讀下，我還覺得蠻納悶，以為這個有什麼了不得，隨著多年經驗的累積，始知這果然是人類的大發明哩！

俗話說「養精蓄銳」，或「休息是再出發前的準備」，也跟上述一樣，強調休息有非凡的意義，而西洋人說得更露骨；「工作時候工作，遊戲時候遊戲」，都在點破「工作狂」是不必要的，根本違反生理與健康原則。

不消說，上班族不必、也不要成為「工作狂人」才好。

勤勞本是一種美德，恐怕一切動物中，惟有「萬物之靈」的人類才具備，但它也有極限，不能沒晝沒夜地栽進工作中，說真的，這樣不能一直保持高效率，結果也許相反，尤其會貼上老命。

例如，日本公司上班族不乏死於工作狂，才被人譏笑「經濟動物」，為了賺錢，而不惜放棄人生最神聖的享受——休憩，這是何必呢？壯志未酬身先死，錢還沒賺到，或者賺到了錢，卻無福享受，最大的損失仍然是自己，勿寧說，工作狂是愚痴表現，不是文化人的象徵。果然日本人蠻精明，終於從中得到領悟，近日報載日本人不再是工作狂，開始找些時間在嗜好與休閒活動上，這是全國最大廣告代理商電通公司的調查報告：「日本人已失去辛勤工作和工作成痴的形象，已會把興趣放在嗜好與休閒娛樂了。」反而是幾個亞洲國家民眾工作過了頭，堅持工作、工作、再工作才是人生幸福的不二法門；讀到這裡，我不禁為之捧腹！

現在許多先進的企業都採用機器人，既不需要福利，也不必管理，但仍然重視機器人的適當保養與檢驗。這表示機器人也要休息，否則會縮短壽命。換句話說，經常休息或保養，才能維持正常運作，世間沒有什東西可以一直作，作，作，而不會磨損或提早毀滅的，遑論人身是血肉之軀，腦力、體力和精神都不能無休止地運轉下去，刻意反其道而行，肯定會有惡果可嘗。

當然，有人情非得已，為了三餐和兒女，不得不犧牲假期，甚至短暫的休憩，最後都很可憐。例如，洛城有一位G太太，跟丈夫離婚後，獨力扶養三個讀中學的女兒，和每月的房租，以及幾部車輛的保險費，加上許多雜費開銷，每天從餐廳上班回來，又利用晚上替人做成衣，多賺些錢，持續十幾年，其間真正休息的日子不到兩位數字，可說不知休息為何事，而今六十歲未滿，不但頭髮都白了，滿臉皺紋，連背都彎了，看來像是七十歲的老嫗。雖然她不是工作狂人，事實上，十足表現工作過份的無奈與悲哀，但一切都是環境使然，而非自己打從心底的狂熱，所以，朋友都同情她，但也幫不上忙呀！

我有好幾位朋友都在美國高科技公司上班，既是高級工程師，也是高收入群，每天作業非常緊張和繁重，下班回來顯得一副疲勞狀，不是馬上打開電視機，先看些輕鬆或消遣性節目，便是坐在沙發上小睡片刻，或看看報紙來輕鬆一陣，到了假日也都紛紛投入自己喜愛的活動，例如高爾夫球、郊遊和訪友，盡量安排不同性質的節目，藉此取代娛樂，免得一年到頭都在戰鬥般的作業中，直到累死為止。

有些上班族習慣一邊吃午餐，一邊跟同事談論工作的事，好像連吃飯也不忘作業，反正在辦公室內等於全方位戰爭，無時無刻不在緊湊的工作中，真是何苦來哉！這肯定會影響胃腸的消化功能，長久下去，對健康的負面影響不在話下。

人有七情六欲要調節，也要讓喜怒哀樂得到適當發洩，如一味漠視，無異違反常情，所以要順著生理的天性去做才對，例如好好睡覺，好好休息，也要好好吃喝，好好喜笑，誠如下列禪話的開示：

修學律宗的有源法師，某日請教大珠慧海禪師說：

「和尚修道，有沒有秘密用功的法門呢？」

大珠：「有啊！」

有源：「怎樣秘密用功呢？」

大珠：「肚子餓時吃飯，身體睏時睡覺。」

有源不解地問道：「一般人生活都要吃飯睡覺，和禪師的用功有何不同呢？」

禪師：「當然不同！」

有源：「有什麼不同？」

禪師：「世人往往吃飯的時候，還在想著其他的事情，且在睡覺的時候也沒有真正的睡覺，仍在思考各種事情，就是這一點和我不一樣。」

這就是違反自然節奏，即工作時候不認真工作、遊戲時候不專心遊戲，兩者搞得亂七八糟，最後一塌糊塗。

慈濟證嚴法師也嘆說，在這個世界上，仍有許多人無緣享受這份自在。他們「吃不下，睡不著」，被折磨不成人形……人們都因「迷己逐物」，而把那份本能的自在斷喪了，換來「飢不能飯，睏不能眠」的遺憾。

美國人工作緊張和劇烈的態度舉世聞名，難怪他們很會珍惜假日，如果短期性，肯定街上車輛比平時少得多，幾乎罕見蹤影，上班族不是閉門休息，便是郊遊娛樂去了，總會徹底讓自己鬆弛一番，趁機享受一下自在和清靜。一旦遇到長假，那會跑得更遠，玩得更開心，所有工作都拋在一邊。這時候，海邊或山間的旅館都被訂購一空，全是前來渡假，找尋消遣的上班族顧客。

國內許多公司的中堅幹部，超時工作是常態。例如七、八點才離開辦公室，之後有飯局，往往跟業務有關，回到家經常到十一、二點。顯然，他們為了工作不計代價，真正屬於自己的生活少之又少。

奉勸上班族們儘量不做工作狂，其後遺症太多，也太嚴重，反之應該正常行住坐臥，和吃喝拉撒，保住永遠的資本。

剛巧今天讀到一篇「工作狂」的報載，內容和觀點很先進，不妨將它摘要出來分享，每位上班族都有資格評估，尤其可憑自己的體驗來核對與反省。

一群管理學專家針對工作狂現象的新研究指出，工作狂有頗多形式，並不一定都對健康有害。有些甚至有益處，特別是有人加班工作的理由是：「喜愛作業基於強烈的職業認同，並渴望向上爬昇。」他們又可從克服困難中得到樂趣。

不過，有些醫師卻對這個採取負面的解讀，甚至認為工作狂是和酗酒問題相關的疾病。那麼，讓他們把時間花在自己最喜歡的工作，也能對治病情。

專家指出「工作狂」大概有這些特性：為了工作而放棄重要的家庭、社交及娛樂活動；工作程度遠超出職業的合理要求或經濟需要；不斷地想到工作，甚至工作時間外也如此。工作狂又有以下三種：

第一是強迫——倚賴型：他們知道工作過量，卻又無法減輕或控制作業，在工作外不時感到焦慮和難過。

第二是完美主義型：有強烈控制慾，工作過時旨在掌控工作，若不能按預計發展會很難過。公司視他們為優秀員工，但他們私下以為花時間取悅公司而不愉快。

第三是成就導向型：對家庭與休閒的需求極低，若得不到家庭支持，可能造成嚴重家庭問題。若公司鼓勵他，他們有極高的工作潛能。

不過，自覺被強迫工作的人，可沒有工作狂，大可放心。

33·活用「老二」哲學

我讀小學一年級到六年級都是第二名，因為第一名那位楊姓同學的音樂和體育實在比我棒，讓我心服口服，所以，一點兒也不覺得委屈排在他的後面。還有一位好友A先生在家庭兄弟間排行老二，對於「老二」這個角色的體驗非常深刻，有一次，我聽他侃侃而談，覺得蠻有意思。他說：

「我從小到大所穿的衣服，都是我哥哥穿舊了，不能穿才留給我。我媽安慰我說：『反正還能穿，丟掉也可惜，買新的也花錢，你將就穿破再丟掉，那時會再買新的給你。』其實在我記憶裡，好像沒有幾件是全新的衣服，連書本、文具和玩具也都是我哥哥用過了才給我。這樣的確給家裡省下一筆錢，那時候家裡窮，我心有不甘，也只好忍氣吞聲，既羨慕哥哥，也埋怨爸媽不公平，但沒有辦法……。」

A先生說到這裡，雖然自己也笑了起來，卻有點兒如訴如泣，無可奈何的意味，我完全聽得出來……。

其實，在一家公司或機構裡，只要甘心當「老二」，肯做「蕭規曹隨」，也有意想不到的好處；反之，若人人爭著做「老大」，大家搶著當「第一」，豈不天下大亂，糾紛不息？結果大家傷感情，也會影響整體成績。如果實在忍不下去，與其待在那裡活受罪，不妨離開算了，但事先一定要想清楚，再三評估離開的後果，和留下來的前途，千萬不要太過情緒化，或不經思索就氣憤憤地離去。

三十多年前，政府曾經大力歡迎留學生回國服務，也有實質上的輔導。我的大學同窗G先生從日本學成返台，便被留學生輔導處推薦到一家公、私合營的機構上班，如果人事制度按照學經歷安排，G可以當個組長，擁有三、四位部屬，而他也存有這個願望，無奈，這個願望不久落空了。因為他一則沒有人事背景，二則不善巴結，三則沒有黨籍（當時只有國民黨），結果他反而被安排在一個晚輩後面，因為對方的優點正是G所欠缺的，G非常不甘心，情緒很沮喪，不時發牢騷，雖然那位頂頭上司的晚輩平時對G蠻客氣，開口閉口：「××兄」或「××學長」，但也要公事公辦，不但請假或公事要經他批准和簽章，而且年終成績也由他評分。只要想到這些，G就滿肚子烈火，勉強待了兩年，就不再留戀這份高薪工作，而憤恨地離去。顯然，G不能領悟「老二」哲學的妙用……。

相反地，另外兩件例子不一樣。他們倒能受用「老二」的益處，無悔無怨在一家機關待到退休，且擁有美滿的家庭生活，堪稱父慈子孝、夫唱婦隨……詳情如下：

我有一位親戚早年師大教育系畢業後，便到新竹縣一所高中任教，後來升到教務主任，便再也升不上去，足足幹了十幾二十年主任，始終當不上校長，連他學生的學生都當了別所中學的校長，只見他還是每天騎著機車上下班，淡泊名利，屈居「老二」也毫不在乎。有些同事替他喊冤，同時勸他說道：

「你的徒子徒孫都當了校長，為什麼你還輪不到？因為你沒有入黨呀！只欠東風，萬事具備（學經歷），只要你答應入黨（國民黨），包你很快升到校長。」

無如，他偏有一副硬骨頭，根本不屑拍馬屁和結黨營私，果然當了一輩子教務主任，直到退休還沒當上校長，環視他師大那班同學幾乎個個以校長資格退休，只有他是「老二」哲學的忠實信徒，樂天知命，值得禮敬！

我有一位堂兄係日治時代師範畢業，光復後離開教育界，轉到縣政府服務，論當時的學歷也不比別人差，而且他為人老實、熱忱、耿直、是非分明，更不去攀龍附鳳，結果到法定退休年齡，也仍在原職位踏步，只聽他不時向親友們自我調侃，說道：「別人的官愈做愈大，我却愈做愈小，好像兩個人反方向走路……。」

其實，他奉公守法當「老二」，卻也順利培育出兩個博士和一個碩士的兒子，以及三個學士的女兒，這些成果未嘗不是他得力於長年累月甘心當「老二」的代價，若說他不是心甘情願，有苦難言，但也是他經由忍耐！再忍耐！所得到的善報呀！最後還不是善有善報，熬出頭來，有什麼不好？

說真的，當「老大」或得「第一」也要有它的因緣條件，同時還要付出代價，捫心自問，如果自認兩者都沒有，則肯定不能如願，想也沒有用，徒生苦惱而已。與其這樣，不當也罷，不如退而求其次，當個「老二」或「第二名」也蠻不錯，事實上，只有這樣才是最睿智、最務實的主意。

如果真想得第一，而不落人後，那麼，也可抱著「盡力而為，不必強求」的態度，千萬不能落入憤怒與嫉妒的心態，繼而採取不擇手段，非達到第一，便絕不罷休的極端：即使能如願爭到第一，或當了老大，也是卑劣的，可恥的，除非用光明磊落、合情合理又合法的方式去公平競爭，才值得肯定。

『六祖壇經』記載一件非常感人的事——五祖弘忍大師座下一位傑出的徒弟叫做神秀，他是一群同修眼中的教授師，也是五祖將來的繼承人，其實，神秀也十拿九穩自己會得到師父的衣缽傳承。例如有一次，五祖吩付徒眾都各作一首偈頌，看誰悟得佛法大意，以便傳付法衣，作為第六代祖。徒眾聽了都息止作偈的意思，紛紛說道：「我們以後乾脆依止神秀上座好了，何必多此一舉去作什麼偈呢？」

可見神秀在一群同修們心目中有何等崇高的地位！

不料，其中跑出一個很不起眼，頗受歧視的惠能，善根非比尋常，所作偈語竟比神秀更為透徹，更為見性，結果得到五祖的傳承了。

這一來，當然出乎大家的意料，於是，有數百名同修不甘心追著去，想來搶奪衣缽，只有神秀默默地接受這個冷酷的事實，內心的失望不可言喻。但是，他非常有風度，也懂得反省，肯自我檢討。例如後來神秀居住在荊南的玉泉寺，六祖惠能居住曹溪的寶林寺，人人稱他們為南能北秀，也就是南頓北漸的兩大宗別。可是，神秀的門徒常常譏笑惠能一個大字不識，有什麼可取的長處？不料，神秀的見解非凡，充分展現他對老二的領悟和謙虛的修持都高人一等，且聽神秀怎麼說——

「他已得無師自悟的佛智了，深深地證悟到最上乘的境地，我不如他，而且我師父五祖親自傳授衣法給他，豈是沒有憑據？我只恨不能去親近他，路途遙遠，反而在這裡枉受國家的恩寵，你們不要留在這裡，不妨去曹溪參訪。」

有一天，神秀命令一個弟子叫志誠說：

「你的天資聰明，可以為我到曹溪去聽法，如有聞所未聞，要盡心盡力記住，回來再講給我聽！」

這才是真正甘心當「老二」的心聲，也因此讓他更受後人尊敬——不嫉不憤、無悔無怨——的坦蕩度量。

星雲大師出版一本『老二哲學』，洛陽紙貴，我也買回家精讀，可說感觸良深，尤其，大師坦述自己當老二也無所謂，不強出頭，隨緣隨分等給我很大的啟發，倘若上班族也能受用這一點，肯定在職場的日子會很快樂。

人的才能、智力、性格、學識、經歷、環境等因緣各有不同，也不會完全平等，倘若在這方面不能得第一，也許在另一方面可以當老大，自己的興趣和潛能，只有自己最清楚。縱使這時不能得第一，也不表示永遠會屈居人下，或落在後面。只要知道補強和奮鬥，也許以後可以得第一，由老二上升為老大也說不定。所謂老大或老二，第一或第二，也只是因因緣緣，而非永遠不變。否則，世間也不會那麼多彩多姿，可歌可泣了。

有道是「塞翁失馬，焉知非福」，幸虧當了老二，始知人外有人，自己才肯上進，追求更大成就；倘若當了老大，也許志得意滿，損失在後頭。奉勸上班族要牢記和深思！

34·要以「安心」法門，破解緊張壓力

鄰居蔡先生的長子A，剛從大學電機系畢業，應徵到一家電腦公司當業務員，試用期半年，起薪雖然不頂高，但約好每做成一筆生意，就能抽成多少佣金。換句話說，報酬金靠自己的營業額來決定，乍見下，這樣十分公平，一切看真本事，不過這樣對A的壓力非常沈重，上班的日子不好過。

其間，我碰過他好幾次，都發現他總是蹙著眉頭，一副沮喪的臉孔，也不時聽到他唉聲嘆氣，於是，我不難猜測他的業績了，月薪也不難意料了。

有一天，我終於忍不住好奇，乾脆出聲試探他，說道：

「喂！小夥子，上班族的滋味如何？跟學校生活一樣嗎？」

「唉呀！完全不一樣，滋味很不好受……。」他邊說邊嘆氣，表示心理沈重的樣子。

為了打破沙鍋問到底，我除了先安慰他幾聲，說：「加油，好好幹喔！」之後，又問他：「到底怎麼回事呢？」

他好像找到了傾吐苦悶的對象，雙眼直瞪著我，說道：

「我們剛進的業務員有七位，每週開一次業績檢討會，由總經理親臨主持，牆上列出每位業務員的業績數量，每次看到那些數字，我不是最後一名，便是倒數第二，實在難極了。」

說到這兒，又聽他連續發出唉！的嘆息聲，我看了忍不住同情他的處境……。

不消說，業務員是跑業務的，責任是替公司賺錢，不僅要找客戶，也要能銷出產品。這種人不能太內向，沒有半點兒口才，或大而化之的特性，一定要有強烈的進取心或鬥志，也會精打細算和起碼的口才，若沒有這些條件，老實說，就不適合吃這碗飯。即使勉為其難，也很難有什麼好成績。

其實，也不只業務員有沈重的壓力，凡在私人機構上班，除非自己待久了駕輕就熟，或經豐富，能力超強，勇於向高難度挑戰的壯志雄心，否則，壓力是難免的，不僅新進人員而已，老幹部或主管們也一樣，公司不會白給錢的，待遇肯定與工作效率成正比，商場如戰場，殘忍無情更不在話下。

我聽過許多上班族的心聲，彷彿聽到一群靈魂發出無奈的悲鳴，讓人十分同情。曾幾何時，自己何嘗沒有這種感受？而今兒女長大，自己才好不容易脫離上班族，

[illegible]安心在書房爬格子，優游於書海之間，享受自在和悠閒。

且聽一位民營銀行的經理埋怨說道：

「以前，銀行都坐在辦公室等客戶，現在卻得出去找客戶，不是大家眼中的財神爺啦！」

一位老字號的百貨公司處長也有感而發，說道：

「從前，隨便做隨便賺，而今競爭太劇烈，我們的壓力比以前重多了。」

某大報一位副主編也搖頭苦笑說：

「現在的報紙，簡直在惡鬥，鬥得毫無章法。」

這不是吃一行怨一行，或限於某一行業的苦衷，而是來自競爭的壓力，不但公司之間競爭，公司內部也要競爭。現在似乎不再有終身僱用制了，尤其看到同時進來的人，甚至後生晚輩都上升了，自己留在原地不動，這樣會沒有壓力嗎？說沒有也難吧！

有壓力就要紓解，不能悶在心上，造成永遠的負荷，果真如此，那樣生活無異一場悲劇，職場無異一個地獄。那麼，怎樣解除工作壓力呢？不論它來自競爭、繁忙，或主管，統統都壓得自己透不過氣，心煩累亂……這時候，不妨誦讀「心安」

的秘訣，冷靜思考「壓力」的因緣，凡事有果必有因；反之，無風不起浪，不可能無緣無故有壓力。

當然，上述諸種壓力和負荷，全都來自外界，那麼，最重要的是，自己要先沈得住氣，不要手忙腳亂，所謂忙中有錯，結果會更不妙，不心慌或鎮靜的工夫，就得使心不要被外境所轉，把人我、是非、閒言、計較丟在一邊，相當於禪者所謂放下，喜愛的要放下，不喜愛的也放得下，例如——

一位金代禪師非常喜愛蘭花，平時在寺廟庭院栽植幾百盆各色品種的蘭花，講經說法之餘，是全心照顧，難怪大家都說，蘭花好像是金代禪師的生命。

一天，金代禪師因事外出，一個弟子接受師父的指示，為蘭花澆水，一不小心把蘭架絆倒，整架的盆蘭都給打翻。他心想：師父回來看到心愛的盆蘭這番景象，不知要憤怒到什麼程度？於是就和其他師兄弟商量，等禪師回來後，勇於認錯，且甘願接受任何處罰。

金代禪師回來後，看到一切情狀卻毫不動怒，反而心平氣和安慰弟子說：

「我所以那樣喜愛蘭花，為的是要用香花供佛，並且也為了美化寺廟環境，並不是想生氣才種的，須知世間一切都是無常的，不要執著心愛的事物而難割捨，因那不是禪者的行徑。」

弟子聽了始放下一顆不安的心，更精進去修持。

讓緊張與慌亂佔據心房，便不能思考對策，愛憎之念也是造成壓力的原因，放下它才能心安理得。再說有一位將軍厭倦戰爭，特地拜訪大慧宗皋禪師，表示要出家，請禪師收留他。一天早晨，他到寺廟禮佛，宗皋禪師一見到他便說：

「將軍為什麼那麼早就來拜佛呢？」

將軍學習用禪語詩偈說道：

「為卻心頭火，起早禮師尊。」

禪師開玩笑地也用偈語回道：

「起得那麼早，不怕妻偷人？」

將軍一聽，非常生氣，罵道：

「你這老怪物，講話太傷人！」

大慧宗皋禪師哈哈一笑道：

「輕輕一撥扇，性火又燃燒，如此暴躁氣，怎算放得下？」

可見心安或不安被外境所轉，不是口說那麼容易，非下功夫落實不可。禪師強調因緣剎那生滅，壓力的因緣不會永遠不變，想起當年活在共產社會的人，無異在地獄活受罪，心理壓力何嘗不大，情緒何嘗不低落，不料也有轉機出現。

還有事情不要只看一面，誠如美國人常說：「一個銅板有兩面。」意謂我們對任何事不要鑽牛角尖、死心眼，這樣會使心意沒有轉圜的餘地，最容易出現緊張與壓力。同時也不必逃避，抱持「既來之，則安之」的態度，或以「別人待得下去，我也待得下去」來自勉，才會生出幹勁與鬥志，並由衷地信受虛堂禪師的開示：「年年是好年，日日是好日。」才會有好日子過。

35．出差秘訣

古時候物資缺乏，生活簡樸，沒有什麼工業產品，商業行為很單純，而今是以工商業領軍一切，且已跨過縣界，省界和國界，變成完全國際化了。

再說產品性質五花八門，交易形式層出不窮，昔日所謂國際貿易，有些令人莫測高深，寄些樣品，來往信件至少也得十天半個月，除非特大公司才有頻繁的國際電話，否則要做成一筆外國生意費時頗長，很長時間要在等待信用狀或訂單的焦灼苦惱中渡過。

而今這種情狀早已不存在，不但資訊便利，成敗馬上知曉，而且可以經常出國，或派人出去，甚至到當他長期駐紮，直接指揮生產和推銷。總之，現代的商業行為和形態變化太多了，若被古人知道，肯定讓他們驚異和嘆息！

那麼，凡被公司派出國外，或到國內別處長期駐紮的人，當然是公司的精英份子，可說是中級主管或中堅幹部，他必須能獨當一面，處理一切事務。他若是單身，那問題比較單純，若有家眷，問題可就複雜多了。對公司與他個人都要慎重考量，其中會牽涉兒女的求學、妻子的反應，和全家對環境的認知態度……等。

在異地打天下，替公司做先鋒，起初會遇到想像不到的困難要克服。起碼人生地不熟，付出加倍，效果大打折扣，有時幹得精疲力倦，也未必會豐收：這一來，沮喪、氣餒、著急、埋怨……都不在話下，有時難免思鄉念故，患了不適應症。這時候，心理上和作風上不妨恪守兩大原則：

第一是使命感：

在成群的員工中選中自己，應該覺得驕傲，表示公司重視自己的能力，肯定自己的價值，故宜有一份捨我其誰的榮耀，之後全力以赴，勇於向陌生的一切挑戰。六祖惠能大師在這方面是最好的典範，因為他得到五祖的衣缽後，說了一句很肯切的話：

「我原是南方人，一向不熟悉這裡的山路，如何能走得出去，到達江口呢？」五祖勸他放心，親自送他一段路程，告別時再三勉勵他要努力往南去，認真弘揚佛法。

後來，靈祐禪師也有一段佳話，代表本宗到別處大展宗風，成為禪宗的一派，不負當年師父的期望。

原來在百丈禪師座下有一位姓司馬的頭陀禪者，對天文、地理、陰陽卜卦無不知曉。

一天，司馬頭陀從外面回來，稟告百丈禪師說：

「有一個地方叫做溈山，那兒可以建叢林、度眾修行，那個道場很大，可以容納一千五百名以上的高僧禪者。」

百丈禪師聽了打趣說道：「既然這樣，不如我自己去那裡建個道場好啦！」

司馬頭陀回答說：「溈山這一個地方是肉山，您是一位骨人，若由您去，骨人肉山結合一起，以後門徒也不會超過一千人。」

百丈禪師就指著眾人中的一個名叫華林禪師的首座，向司馬頭陀說：

「像華林禪師他可以去嗎？」

頭陀說：「華林也不相宜。」

百丈禪師又指著煮飯的靈祐問頭陀，不料，頭陀一口說道：「他可以去。」

這一來，華林禪師很不高興地向百丈禪師說：

「師父，我在您座下算是第一座，我都不能去當住持，靈祐只是個煮飯的典座，為什麼能去呢？」

百丈禪師回答說：「若能於大眾中下一轉語，出奇制勝，就可以前去住持了。」

百丈禪師說完後，就手指座前那個淨瓶說：

「這不得叫淨瓶，您們喚作什麼？」

華林答說：「不可叫門閂。」

百丈禪師轉頭問靈祐，靈祐二話不說，上前飛起一腳把淨瓶踢倒了。

百丈禪師大笑說：「華林首座，你輸給煮飯的人啦！」就派靈祐到溈山去開山當住持。

後來，靈祐禪師果然不負眾望，成就非凡。

第二是隨緣結緣：

「既來之，則安之」是許多日本商社派駐外地職員的口頭禪，他們受命於商社，領本社的薪水，忠於職務。本社命令去那裡，就不顧一切投奔到那裡，而且一去就算長期出差，不論有無眷屬，都不例外。他們到了陌生地本著公司的目標，先做市場調查，廣結善緣，認識當地的工廠、公司、貿易行、海關、和所有跟商社以後發展有關連的個人或機構，可以說心無旁顧，全力以赴。

例如七十年代初，我參與日本養樂多公司一項開發香港市場的企劃，待各方面就緒——例如找妥當地合作對象，組成了分公司，找好了建地，就派了幾位幹部去指導，他們一去就住滿五年，直到大功告成才返國。其間，他們透露，到達香港語言一句也不通，惡補了幾個月，就分頭去結交有關人士，努力適應風土人情……總之，他們活用佛教「隨緣結緣」的智慧，才很快在香港習慣下來。

不論代表公司出差長期或短期，都有任務在身，凡事宜以公務為重，私人娛樂、興趣或目的暫時放一邊，公司目標等於個人的理想，任務順利完成即是自己理想的落實。

這一點可以禪宗達摩祖師為例，他隻身來到中國，無疑懷有「佛教東渡」的使命感，私人的理想也是弘法者的目標。

他剛來中土一個親人也沒有，亦談不上熟人與朋友，社會習俗、言語、文化、風土人情各方面都跟自己的祖國差異懸殊，無如，他能隨緣自在，沒有說住不慣要回去，亦不會思親念故而焦灼不安，反而從此待下來，決心跟中國結緣，後來教化出一位名叫神光的禪者，他就是禪門二祖慧可大師。

上班族最重要的是把工作做好，起碼生活費由公司或自己的機關保障，沒有三餐與後顧之憂，那麼，能否適應完全是自己的問題。『五燈會元』這本禪語錄有一首詩偈說：

「一缽千家飯，孤身萬里遊。」

只要公司或機關付旅費，奉命到天涯海角，為公司打拼也不怕，悠游自在，就像禪師的艱苦修行一樣，把任重道遠、異地生根當己任，為公司開闢另一處天地才好。

近日讀到一則報載，大意說，經常出差要小心「心理失調」。有一家美國研究機構指出，職員經常到海外出差，心理失調症是一般人的兩倍，若一年出國兩三趟，心理失調的可能性是常人的三倍；尤其，壓力引發的身心兩種疾病有增加趨勢。

可見出差並不輕鬆，責任和負荷特別重，因為回去要交待，所以出差回來，若公司不讓你休息，自己也要極力請假一兩天休憩，才能紓解壓力、透透氣。

這則意見很好，出差人員好好保重，認真採納吧！

36・加入小圈圈也有好處

辦公室的一群同事，算是一種社會形態，大家在追求公司共同利益的大前提下，分工合作、各盡所能，都應該和睦相處，稱兄道弟才對。但是，人類很奇妙，偏偏有人跟誰特別投緣，就成了「死黨」，意謂臭味相同，喜好相近者也。

這個沒有關係，彼此推心置腹，無話不談，反而容易打發無聊時間，排除作業的枯燥感，且對於調劑身心，提升工作效率有絕對正面的影響。恐怕古今中外所有公私團隊裡，都有這種共同現象吧！

政壇上，最常見「黨中有派，派中有組，組中有圈」，五花八門，奇奇怪怪的團隊名稱，就像辦公室裡的同事基於語言相同、脾氣相近、嗜好一樣、同一族群、同鄉或校友……等因緣，而有形無形成立小圈圈一樣無可厚非，只要不變質，不拘泥於幾個人在製造是非，或跟另外小圈圈在明爭暗鬥，搞得大家雞犬不寧就好了。

或許人類形成小圈圈是一種本能，可以成就某種特殊昇華或境界，藉此得到精神寄託，或實質幫助，這有時比在家裡更能得到安慰，因為深厚的友情會比不健全家庭的不和諧親情更快樂，更能得到滿足。

所以，從心理上說，小圈圈的功能有非凡的價值和意義。

在我的經驗裡，二十幾年前在台北某家大企業上班，省籍和語言可說造成小圈圈的兩種頗為重要的因素，外省籍跟本省籍同事多少有些心理分歧，這倒不意謂對方友情不紮實、不愉快或不合作，而是在感覺上有某種不相契的小鴻溝，而造成很奇妙的小圈圈，但絲毫不影響作業上的合作，只是大家保持起碼的友誼，不太能進一步來往。

在語言方面，我們有四、五位客家人，出身背景相似，剛好閩南語也欠流利，每次相碰自然用客家話交談，基於同病相憐，或弱者危機等緣故，我們似乎也成了一個客家圈圈，下班或午休時刻，就情不自禁聚在一起，幸好情況不嚴重，各方面都能跟其他同事保持友善與溝通，所以，看在閩南同事們眼裡，見怪不怪，習以為常，不時聽他們開玩笑稱呼：「喂！你們客郎好奇怪喔！」僅此而已。

「小圈圈文化」中，最忌諱結黨營私，互相仇視，例如政壇上的派閥或黨團，完全在爭權奪利，難怪日本聖德太子目睹這種惡質化的小圈圈會妨害國家整體利益，就刻意在『十七條憲法』裡，明文表示：

一以和為貴，以無忤為宗。人皆有黨，亦少達者。以是，或不順君父，或拂違鄰里。然上和下睦，論事諧和時，事理自通，何事不成。」

這個點破了政治小圈圈的真面目，但絕對不同於上班族的死黨特質。因為辦公室的小圈圈類似禪師與學人之機，彼此相契，誠如『碧巖錄』第二十六則說：

「超值百丈頂門有眼，肘後有符，照破四天下，深辨來風，所以便打，若是別人，無奈他何。這僧以機投機，以意遣意。」

小圈圈的成立基礎來自禪門的「投緣」或「投機」，而投機正是上述的意思。說得明白些，某位學僧經由禪師的啟發，便恍然大悟，之後將當時契悟的觀感用詩偈來表示，叫做投機偈。例如，宋代臨濟宗汾陽的善昭禪師提出佛教徒耳熟能詳的「汾陽十八問」之一，即是投機問。

剛進入一個機關團體，可能有幾個小圈圈，自己不妨先觀察、多試探，之後慢慢接觸和選擇，別忘了在遊走幾個小圈圈之餘，千萬不能撥弄是非，否則，大家會恨死你。

這一來，以後就有苦頭吃了，也許四面楚歌，逼得你非走不可的慘狀。

一位宏智禪師提到世尊的生平時，有一句膾炙人口的註解：「四十九年中，未嘗說一字。」所以，先要多接觸和觀察，但不必多批評和多意見。

還有一項是惜緣，融入一個小圈之後，多珍惜同事緣和朋友緣，不論時間有多少，要跟他們心心相契，打成一片，則會得到意想不到的收穫。

最後，我要提到『無門關』一段禪話，那是關於投緣的最初詮釋：

「世尊者在靈山會上，拈花示眾，是時眾皆默然，惟迦葉尊者破顏微笑，世尊云：『吾有正法眼藏，涅槃妙心，實相無相，微妙法門，不立文字，教外別傳，付囑摩訶迦葉。』」

這就是「以心傳心、心心相契」的描述。某天，釋尊在靈山法會中，站在講壇上說法講經，每位聽眾都屏息靜待，但釋尊一句也不說，伸手去拈蓮花，大家皆默默無語，只有一個弟子大迦葉，莞爾微笑，釋尊就稱讚他悟出法意，而將法衣託付給他了。雙方若非有特殊因緣，豈能如此心意溝通？

37·被炒魷魚怎麼辦？

世事沒有永遠不變，都是因緣無常，公司的人事制度也是。以前，日本公司有終身僱用制，而今經濟蕭條擊潰了它，有些公司為了生存，也忍痛裁員了，有些經營不下去，當然全體解散，各謀生路了。

所謂「天下沒有不散的宴席」，上班族從第一天起，應有「無常」的心理準備。在國內，公家機構上班可沒有此虞，因為那是鐵飯碗，但在美國就不然了，市政府、衛生局……等一旦沒有預算，照樣也裁員。所以，炒魷魚在美國社會遍及公私機構，和各行各業……。

大體來說，台灣與美國機關的人事作風有些差別，姑且不談原因，美國公司完全看個人能力，重視效率，沒有情面可談，非常沒有保障，反過來看，員工亦不受拘束，除非事先有契約規定，否則，只要看到那家公司待遇更好，條件更優越，就馬上跳槽，一年跳幾次家常便飯，一待幾十年反而是異數。而台灣到底習俗不一樣，比較看情面，不會動輒被淘汰，或自動離去，心理壓力較輕些。老實說，前者對勞資雙方都不好，難怪日本人譏笑美國公司太短視，昧於人的潛在價值，到頭來得不償失……到底情狀怎樣，恕不贅述，也非本文討論的旨趣。

三十年前，我剛回台灣，也帶回美國上班族的想法，兩年不到就換了三家公司，親友們很吃驚，也不以為然說，做事情沒耐心，給人印象極惡劣；而今回憶起來，當年的確魯莽、任性，其實後來吃虧的仍舊是自已，因為國內不能接受美國式，總認為這種人在別家公司待不久，同樣錄用他也不能持久，與其花心血去栽培他，不如不用他算了。結果，我後來嘗到了這種苦頭……。

國內的私人機構到底少有炒魷魚的事件，一旦碰上了，我想，當事人多少心裡有數，不是自己能力有問題，離公司的標準太遠，就是跟主管意見不合，而拒不讓步，或者品格有缺乏。這時候，通常都在不愉快下離去，恐怕連打個招呼也免了，果真如此，那未免太不懂世故了。

臨走應該有風度些，人生何處不相逢，也許以後有緣相聚也說不定，彼此即使無緣做同事，乾脆交個朋友也好嘛！何必像個仇人一樣別去呢？

若說自己莫名其妙被炒魷魚了，而且自己也沒有走的意思，那應該理直氣壯問個清楚，也許對方誤會，那麼，由絕望扭轉成希望的情形也不是沒有，因為有機會據理力爭呀！這一來，雙方都把事情弄明白，該去該留都乾脆，雙方不會納悶，做人處事應該這樣光明磊落才對。

因為私人公司上班不是鐵飯碗，故宜抱持「隨緣」心態，「此處不留爺，自有留爺處」，千萬不能鑽牛角尖，執迷在那家公司，理由如上述。所謂隨緣，不妨參考一段禪話：

且說洞山禪師披袍搭衣，正式向雲巖禪師辭行他去時，雲巖禪師問道：「你要去那裡？」

洞山禪師回答道：「我只想換個地方去參學，一缽千家飯，孤僧萬里遊，至於目標地點到現在我自己也不知道。」

雲巖禪師故意提示道：「你是否計劃去湖南？」

洞山禪師毫不猶豫的答道：「不是！」

我想，憑這灑脫心態可以對治被炒魷魚的沮喪吧！

38·珍惜公物，人人有責

現在所有公私機關都一樣，辦公室所用一切文具——紙張、筆、橡皮、膠帶、尺和電腦等設備，只要用在公務，則通通由公家統一採購，用完就向負責人申請，而不必自掏腰包，自己愛怎麼用就怎麼用，毫不嗇惜；尤其，年輕上班族都幸運生長在經濟繁榮時代，不知「物質缺乏」的苦惱滋味，當然沒有節省的習慣，也就不會替公司著想了。

如果每個員工如此，便會造成公司的浪費，反之，便能替公司省下一筆錢；倘若是一家相當規模的公司或公家機構，那麼，光是這筆浪費或節省金額就頗為可觀。我想，負責採購與會計人員對這個體認格外深刻。

以前，我曾在一家大工廠人事處上班，庶務處每月統一分發每位職員平常用文具，同時交待用完或不夠，可以直接向他們申請補發，但要說明補發原因和用處……目的是不讓職員們濫用，從工廠的觀點說，這是無可厚非，只有精打細算，控制開銷才符合成功的經營原理！工廠才會賺錢呀！開源固然重要，節流尤其不可忽視。

反觀現在公家機關恐怕沒有這樣嚴格把關，反正一切都有充裕預算，不夠也能向上級申請。

這一來，就不符合現代的經營原則，難怪國內許多公營事業即使獨佔市場，也照樣紅字連篇，原因無不出在：「昧於節流」的原理！

還有每位白手起家的創業者或企業家，都有節儉的好習慣，深知惜物惜福的智慧。

例如，貴為台灣「經營之神」的台塑公司王永慶董事長，財富接近天文數字，不論吃的，住的和穿的都應該非比尋常，殊不知他每餐吃飯，碗裡連一粒米、一片菜葉也不留存，統統都吞進肚子裡，連喝杯咖啡也點滴不剩，喝得精光，可見王董事長不但賺錢有一手，連惜物惜福等節儉習慣也高人好幾等，你說可敬不可敬呢？

總之，不論為公為私，每位上班族都該為公司或團體著想，也等於為整個社會著想，團體存在與進步，自己也能分享，否則，自己也受害。在出差旅費方面亦不例外，都要抱持節儉惜福的原則，盡量減少浪費才對。

早期是物質缺乏的社會，大家都懂「廢物利用」，而今物資豐富，各類享受都不缺，但也照樣要肯定「資源回收及垃圾不落地」的環保政策。

據台灣環保局估計，目前國內平均八百七十萬公噸的垃圾量中，約有四成到五成是可以回收再用。例如紙張、塑膠物、鋁板……只要降低百分之三點五的廢物量，即可節省一座九百公噸處理量的焚化爐建設費與操作費，可見這是多麼大的浪費，可令上班族深思、再深思。

下則禪話的啟示尤其深刻，值得上班族認真玩味！

且說雪峰、巖頭和欽山等三位禪師結伴雲遊天下，到處參學，也趁機弘法。有一天，他們經過一條河流的路邊，正打算到某處托缽行乞時，忽見河中一片新鮮的菜葉，正從上游漂流下來。

欽山說：「你們看，河流中有菜葉漂流，可見上游一定有人家，我們再往上走，就看得見他們了。」

巖頭說：「這樣一片鮮嫩完好的茶葉，竟不知珍惜，讓它白白流走，真說不過去。」

雪峰說：「這樣不惜福、不節儉的人家，不值得教化，我們不必去吧。」

當他們正在紛紛談論時，忽見一個漢子匆匆從上游那邊跑過來向三位禪師們說道：

「師父呀！你們看見一片菜葉在水上流下來嗎？因為我剛才洗菜不小心，讓一片菜葉被水沖走，現在我要追回那片流失的菜葉，不然太可惜了。」

三位禪師聽了哈哈大笑，異口同聲說道：

「我們應該去他家弘法掛單吧！」

上班族在豐衣足食的時代，須特別重視「由儉入奢易，由奢返儉難」的古訓，自己浪費一分公司的資源，也等於浪費一分社會的成本和地球能量。凡事要有宏觀角度，不能拘泥於「自我」呀！

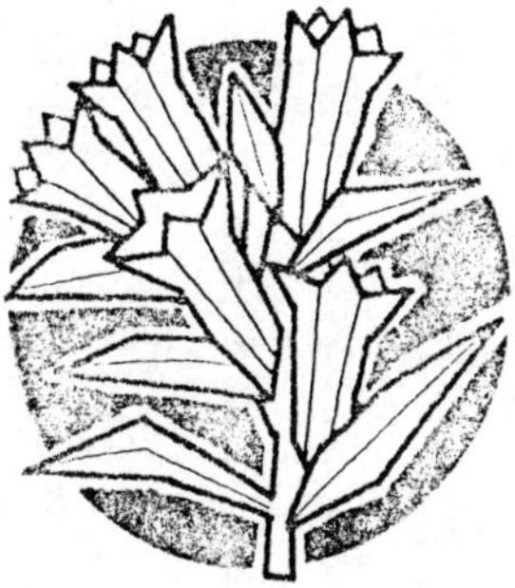

39．爭強好鬥最吃虧

老實說，上班的固定作業裡，不是時時刻刻都忙得不可開交，只在某個時段內特別忙碌，會忙亂得讓人暈頭暈腦；這時候，最容易忙中出差錯，因為心情特別緊張，行動顯得慌忙，以致惹出亂子。我想，這種體驗每位上班族都會碰到，不足為奇，讓我敘述一件往事：

那年，我剛來美國洛杉磯落腳，曾在一家中餐館打工，被派到廚房打雜，從早上開始挑菜、撥菜和洗菜，作業還不頂忙，一切為當天的中餐和晚餐做準備。

但是到了吃飯時辰，客人陸續上門，廚房、店門和餐桌周圍便開始忙亂了，彷佛戰場一樣，每位員工也像戰鬥一般，各忙各的事，廚師忙著炒菜和煮湯，打雜的我也忙著送菜，送盤碗和開罐頭，一切配合廚師的動作；還有端菜的堂倌也匆匆走進走出，忙著端佳餚給客人，大家忙得團團轉，嘴裡也哇哇叫，心情特別不穩定，若不是過來人，就很難想像其間緊張的滋味，大家都在拼命爭取時間與工作效率。

事實上，其他時間的各項準備都要在這短短兩三個時辰內發揮淋漓盡致，只有待客客吃過飽，散去之後，作業才能緩和，員工的心情才能輕鬆。

記憶裡，在一次午餐會上，我正在廚房內開一瓶鳳梨罐頭，開完遞給廚師之際，一位堂倌突然從門外闖入，說時遲，那時快，由於雙方距離太近，我一時閃躲不及，猛烈地相撞了，他的力道又急又猛，竟把我手上的罐頭打落地上，我啊呀一聲，趕緊彎腰收拾，但也趕不上廚師的催促，立刻阻礙了廚房作業。這時候，只聽廚師憤怒之下，破口大罵：「混蛋，怎麼不長眼睛？」雖然他沒有指名道姓，到底罵誰？堂倌和我有說不出的委屈，又聽見廚師的吼聲，都忍不住道歉之外，再三抗辯不是自己故意弄錯。不料，廚房以廚師的地位最高，因為他是個粗人，此時此刻罵聲不絕，我和堂倌也互相埋怨，他指責我怎麼不小心？我反譏他怎麼太魯莽？這一來，三人異口同聲吵了起來，幸好老闆外面聽到吵聲，也匆匆跑進來查詢，之後，他同時把我們三人教訓一頓……

說真的，那種場合的無心過失，誰都不該負責，何況，平時彼此相處融洽，豈可因這種芝麻小事而傷了感情？而今事過境遷，但是，當年往事，歷歷如新，午夜夢迴也會嘆息歲月無情和餐廳工作的辛苦！

類似這種細故爭吵在辦公室內肯定難免，嚴重的時候，會使雙方撕破臉，演變成以後勾心鬥角，不論誰對誰錯，都是小事一樁，不足掛齒啊！誠如下則禪話的教誨，值得我們信受奉行，時刻反省。

天剛亮時，一位居士名叫朱友峰，興緻勃勃抱著一束鮮花與供果趕來大佛寺，他想參加寺院早課，不料一踏進大殿，突然左側跑出一個人，剛巧撞上朱友峰，且將他手上的水果鮮花撞翻在地上了。

朱友峰看見滿地的水果，就怒吼道：「你怎麼這樣粗魯，竟把我供佛的水果全都撞翻，看你怎麼辦？」

對方名叫李南山，也不高興地說道：「既然撞翻了，也不是我故意，頂多向你說聲抱歉，而你何必那麼兇嘛？」

朱友峰不聽猶可，一聽反而更憤怒說道：

「怎麼！你做錯事還敢怪人，簡直不知好歹！」

這一來，你一言，我一句，誰也不認輸，吵聲也愈大了。

這時候，剛巧廣圄禪師在此經過，馬上查詢事情的原委，之後開示說：

「莽撞行走不應該，但是不接受對方的道歉也不可取，雙方都很愚蠢。只有坦誠認錯，和接受道歉才算聰明。我們人生在世，必須協調的事太多了，例如在社會要與親朋好友保持協調；在教養上，要跟師長們取得溝通；在經濟上，為自己量入為出；在家要培養夫妻、子女的感情；在健康上保持身體健康；在精神上，盡量選擇自己理想的生活方式，只有這樣才不辜負我們可貴的生命。倘若為了一件芝麻小事，一大早破壞一片虔誠與清淨的心境，多麼不值得啊？」

只聽李南山馬上吐露肺腑的話，說道：「啊！禪師，恕我一時魯莽，錯了還跟人強辭奪理。」接著轉身向朱友峰說：「我錯了，請你接受我誠摯的道歉吧！」

朱友峰也慚愧表示：「我也有錯啊！不該為芝麻小事發那麼大脾氣，可見我也有不對，也很幼稚。」

同事間相處避免爭強好鬥，旁觀者清，誰對誰錯，自有公論，不是誰大聲、誰會辯，就表示公理握在誰手上，吃虧反而是這種人，敬盼上班族可別淪為這種小氣鬼！

40·作業起步，不能等閒

乍讀下，會發現這兩則禪話意思相反，值得剛上班的朋友深思！

㈠、有一學僧向洛浦禪師告假辭行，想到其他地方去參學，洛浦禪師問他說：

「此處四面是山，你要往何處去？」

學僧啞口不知如何回答。

洛浦禪師說：「如果你在十天內能夠回答，那就請便。」

學僧日夜思索，經行往來，偶在菜園中巧遇那位擔任園頭的善靜禪師，善靜禪師就問道：

「聽說你已告假辭行到他處參學，為何還不去呢？」

學僧只好向他實話實說，自己回答不出來。

………

㈡、有人問趙州禪師：

「師父平時修福修慧，人格道德至為完美，假如百年之後，不知會到哪裡去呢？」

「到地獄去。」

「以師父的修持德行，百年以後怎會下地獄呢？」

「我若不去地獄，你所犯的殺、盜、淫、妄罪業，誰去度你呢？」

…………

顯然，前者對自己的目標去處茫無頭緒，反之，後者的心中早有主意。對於每位上班族來說，工作起步非常重要，如果連目標或方向都搞不清楚，彷彿盲人瞎馬，怎麼可能抵達目的地呢？所以，一開始作業就得知曉自己的目標。

誠如日本經營家高原真說：「不可不問目的地即出發。」可見工作起步多麼重要。我有幾點淺見可與上班朋友分享：

⑴先要徹底明白工作內容，經常評估和思考自己承擔的業務成果和結果。如果連自己都不懂或不太清楚，肯定會失敗，尤其不能跟其他同事配合，而耽誤整體作業。

⑵思考工作順序，先把步驟詳列出來，逐步實施，同時不斷檢驗，再排出更快、更好的作業順序。

⑶擬定工作預定表，好讓自己有個頭緒，在工作進行中也能隨時核對，或不時提醒自己工作的進度。

⑷不斷修正計劃，意謂開始擬定的計劃，不一定完全正確，應不斷依工作情況做適度調整。該修正時沒有修正，往往會陷入一籌莫展的死胡同，故要隨時掌握工作中出現的變數。換句話說，不要執迷最初的計劃，依事實改變而做適度調整，以臻圓滿。

有道是「好的開始是成功的一半」或「有預則立」，擬定工作計劃不能憑空妄想，應該根據實質內容而擬定的步驟才有價值和用處。

古代人尚未使用羅盤針以前，在海上航行也偶爾會到達目的地，現代人的思考和做法寧願使用羅盤針才對；同理，現代上班族開始作業時也該擬定計劃和進度表才好。

41．不為也，非不能也

下則公案出自『星雲禪話』（第四集），不僅能讓上班族得到寶貴的啟示，而且能替天下人破解一項執著——「江山易改，本性難移」，所謂好脾氣或壞脾氣，跟好習慣或壞習慣一樣，很難說是天生不變，或遺傳固定的；勿寧說，由後天環境的諸種因緣和合而成才對。既然這樣，只要因緣變化，所謂好壞脾氣與習性也跟著變化了。這一來，假如自認或被認為壞脾氣者，只要自己有信心與毅力改過或破除，當然也能如願了，若一味推說「不能！不能！」那是昧於因緣和合的智慧，有必要反省和改正這種誤解或迷思。若不信，請讀下則禪話：

盤珪禪師說法時不僅淺顯易懂，也常在結束之前，讓信徒發問些問題，並當場解說，因此，不遠千里慕道前來的信徒，絡繹不絕。

有一天，一位信徒請示盤珪禪師說：

「我天生暴躁，不知要如何改正？」

盤珪：「是怎麼個『天生』法？你把它拿出來給我看，我幫你改掉。」

信徒：「不！現在沒有，一碰到事情，那『天生』的性急暴躁才會跑出來。」

盤珪：「如果現在沒有，只是在某種偶發情況下才會出現，那麼，就是你和別人爭執時，自己製造出來的，現在你卻把它說成天生，將過錯推給父母，未免太不公平了。」

信徒聽了開示，會意過來，也就不再輕易發脾氣了。

那年我在台塑公司關渡分廠上班，職務是監督紡織員工作業，其中有一位鐘姓同事跟我相同階級，也是組長層，他心腸蠻好，為人也熱心，惟獨一項大缺點是太小氣了。平常被主管批評幾句，就不高興，馬上變了臉色，散會後自言自語，埋怨主管豈有此理嘛！聽到同事們說他什麼，即使出自善意，也被當作沒好心，而立刻反唇相譏，跟對方口角起來。

這一來，大家私底下都給他取個綽號叫「鐘小氣」。起先我很同情他，幾次規勸他，但都聽他坦率抗辯，說道：

「我有什麼辦法？完全是我母親遺傳我的，丟也丟不掉呀！」

我只好安慰他說：「盡量嘛！這種脾氣不改，對你的影響很大，別說傷害同事可能連以後的婚姻也會受影響！」

當時他還未婚，離開學校不久，未知世事複雜，而今我讀到這則公案，更知他的話毫無根據，也昧於因緣的意義。倘若今天他有機會分享這則禪話的智慧，肯定有信心去改正，屈指一算，彼此三十幾年沒有連絡，不知他的小氣惡性破除了嗎？我十分懷念他哩！

還有許多個人的壞習慣，即使不影響人際關係、家庭幸福，或事業前途，但旁觀者清，而自己懵懂未察，被有心人批評時，自己除了虛心接受，也應本著這則公案的啟示去努力糾正，讓自己修養更圓滿、更愉快。

誠如日本江戶時代的名僧至道無難禪師說：「我身有八萬四千惡。其中扶佐大將者——色慾、利慾、生死、嫉妒、名利，此五種也。此為常情，難以消滅。須晝夜以證悟將之逐一剷除，使其復歸清淨。悟即本心。」

即使被說成大壞蛋，也不是一出生就是無可救藥的壞人，也像嬰兒一樣，都是清淨無垢的諸佛。希望上班朋友牢記深思！

42・排難解紛的絕招

在家庭裡，親密如夫婦，敬愛如親子，也偶爾有口角或爭吵，若說從未有過，恐怕是不實之言。這時候，肯定傷感情或尷尬好一陣子，之後等到納悶氣氛過了，才會恢復溝通，開始講話，慚慚回到原狀。

同樣地，在同一辦公室裡，對部下、主管或同事，那怕彼此相知相識、和相處共事很長日子，也可能發生類似狀況。例如說錯話、起誤會或利害衝突，若對方脾氣暴躁與僵硬，甚至無理取鬧時，自己應該怎麼辦呢？處在衝突即將發生的臨界點上，能不能避免呢？

俗話說防範於未然，總比事後補救要省事，依我的經驗說，最好的方法，莫過靈機一動，說句幽默話來破解尷尬和火爆場面，這樣可以緩和對方的緊張，甚至扭轉整個惡劣的局勢，所謂「破涕為笑」者，當如是也。

下則禪話便是最好的範例，值得上班族倣效！

且說日山禪師和雲昇禪師，同師學道和參禪，不過，他們各有完全不同的性格，坦山是師兄，生性放浪、不拘小節，甚至連煙酒也蠻內行，大家都輕蔑他，幾乎羞與為伍；反之，雲昇是師弟，性格莊重、不苟言笑，很賣力弘法，頗受信徒的尊敬。

一天，坦山禪師正在喝酒，雲昇禪師正好經過師兄的房門，被坦山瞧見，便大聲叫道：

「師弟！你也來喝幾杯如何？」

雲昇禪師不屑地答說：「沒有出息，連煙酒也戒不了，怎能修道呢？」

坦山聽了微笑說：「管他那麼多，你來一杯吧！」

雲昇邊走邊說：「我不會喝酒。」

坦山不高興地說：「連酒都不會喝，簡直不像個人。」

雲昇聽後，停下腳步，回頭怒問：「你敢罵人？」

坦山很疑惑地反問說：「我幾時罵人呀？」

雲昇說：「你說我不會喝酒，就不像人，不是明明罵我嗎？」

坦山：「你的確不像人呀！」

雲昇：「我怎麼不像人？你說嘛！」

坦山：「我說你不像人，就是不像人。」

雲昇：「好，你罵！我不像人像什麼。你說嘛！」

坦山：「你像佛！」

雲昇一聽，楞了一陣，不知如何。

乍讀下，即使坦山禪師言不由衷，但有一套非凡機智，讓對方拿他沒辦法，眼看就要發脾氣，輕聲一句「你像佛」，就能化解對方滿肚子火。依我看，這套本領不是天生的，乃是可以自我訓練，或學習得到，上班族好自為之。即使自己不可能碰得到，偶爾替同事排難解紛也派得上用場。

例如有一次，我去台中拜訪一位大學同學，他在一家工廠任人事課長，剛巧那時上班後不久，有兩個員工在爭吵，場面火爆，一個是年約六旬的老職工，另一個是年輕傢伙。

不知何故兩人大聲叫罵之餘，年輕傢伙還頻頻出手挑釁，只要對方一還手，他就想趁機一拳打過去。老職工自知不敵，始終不敢還手，只好步步退讓……我同學發覺情狀不妙，趕快跑前去半拉半勸，硬把年輕人拉住不放，這時候我也走前去，只聽我同學對年輕人說道：

「老張（老職工）雖然很固執、很呆板，可是，他很能知好歹、識忠奸，我常常聽他對別人讚嘆你為人熱心，工作負責，難得一位好青年……。」

年輕人聽了果然消失滿肚子的怒氣，表情也逐漸恢復了平靜。事後，我同學透露剛才的話完全是自己臨時想出來，刻意編造的，純屬一種善巧方便。我聽了十分佩服他離開學校後，任職人事事務多年，居然熟悉這套排難解紛，給人勸架的本事，而今回憶那件往事，不也符合這則公案的精髓嗎？

虧他有這種智慧，後來逐步高升，頗受董事長信任，而今成了工廠的元老廠長，可不是偶然的……。

43．山中有老虎　偏向虎山行

上班族當推銷員，或拉保險，都是極富挑戰的工作，表面上按時間上下班，其實不可能經常坐辦公桌。別看他（她）表面上談笑風生，若無其事，其實擔子極沈重，腦筋轉個不停，擔心月底結算繳不出業績，結果會極不樂觀。因此，這種工作時刻戰戰兢兢不分晝夜，各種方法都要嘗試且無所不用其極。

下則公案是很好的啟發——不執著原則是最好的原則：

有一位信徒很想學打坐，但總是不得其門而入，一天，他鼓起勇氣到寺院拜訪無相禪師，並非常誠懇地說道：

「老師！我很笨，自知不是參禪的料，但高山仰止，雖不能至，心嚮往之，能不能請禪師告訴我，禪像什麼呀？」

無相禪師答道：「五祖山法演禪師曾經講過一個故事。我不妨說出來讓你聽聽看，想想看——

「一個小偷的兒子對他說：『爸爸：我看你年紀漸漸大了，找個時間教我偷盜的技術吧！免得我以後沒法生活呀。』

做父親的不好推辭，便一口答應了。

一天晚上，父親帶著兒子來到一富有人家，用萬能鑰匙將衣櫥的鎖打開，並叫兒子進去，等兒子進去以後，父親馬上將衣櫥鎖上，且大聲叫道：『有賊！有賊！』自己轉身跑走了。

富人家聽說有賊，趕緊起來搜查，搜查結果，東西並沒有遺失，也沒有看到小偷，因此就仍然睡去。

這時，鎖在衣櫥的小偷，不曉得父親什麼用意？為什麼要把他鎖在衣櫥內？到底要怎麼樣才能逃出去？於是靈機一動，就學老鼠咬衣裳的聲音，一會兒，聽到房內的太太叫丫環拿燈來看，並說好像有老鼠咬衣服的聲音。丫環剛一開衣櫥，這小偷便一躍而出，並將丫環推倒，燈吹滅，竟逃走了。

富人家發覺小偷後，派人追擊。追到河邊，這小偷急中生智，把一塊大石頭拋在水中，自己繞道回去，當回去的時候，還聽到有人說，真可憐，把小偷逼得跳河了。小偷到家後，看見父親正在喝酒，便埋怨為什麼要將他鎖在衣櫥裏？

他父親只問他怎麼出來的？兒子把經過說了一遍，父親非常高興道：『你以後不愁沒飯吃了！』」

像這小偷能從無辦法中想出辦法、便是禪了。

（錄自『星雲禪話第三集』）

嚴格說，推銷員或拉保險之類的挑戰性作業員，也要掌握這套禪法——從無辦法中想出辦法，時時用絕招，出奇制服，沿襲老套很難出頭，甚至待不下去。

例如那年冬天，我在台北市參加高中校友會認識一位學弟，他在一家貿易行任外銷經理，職務輕鬆、高薪待遇，讓在場的校友們羨慕。其間，他透露自己奮鬥的一段經過，我聽了無限動容。記得他說：

「我剛接手那個職務時，正是公司經營最艱辛的階段。因為前任經理留下滿倉庫的鞋子銷不出去，才被老闆免職，我一上任就知道那些貨成了公司的債務，若不快出售，便會拖垮公司財務。當時，國內市場不景氣，半價廉售也沒人要，加上公司實在付不出一筆旅費讓我出國推銷，於是，我自掏腰包，帶著兩箱樣品，親自往美國休斯頓市住上半年，依據工商名錄找合適商店交涉，親口向他們保證貨真價實，若不，保證免費贈送……

當年出國人不多，敢親自上門推銷更是鳳毛麟角，對方也許發覺我的誠懇，就開始小量訂單，我住在那裏等到他們接到貨，看過一切都滿意才返國，接著又寄來更大、更多訂單，最後不到半年就把倉庫的貨品清潔掉了。這一來，老闆才對我另眼相看，說真的，那是條苦肉計，為了生存不得不挺而走險，事後回想也算是最惡劣狀況下的最好方法……。」

那位學弟的成功經驗可以證明天無絕人之路，上班族碰到任何挑戰性作業，可別一聽先沮喪，或心裏先投降，哀莫大於心死，肯定會失敗。必須冷靜下來，認真思考，再思考；若能如此，才能遇招拆招，克服各種困難，而這才是這則公案的旨趣。

44·既合作又猜忌要不得

即使在同一家機構服務，也會各有專職，若同屬業務部或會計部門，目標都一致，共同為整體利益著想，不分彼此才對，無如人們都很自私，很矛盾，站在這種崗位也頗難同舟共濟，一面說是戰友，也一面當作勁敵，彼此多少存有猜忌、競爭和嫉妒惟恐他（她）的業績超越自己，因為這會凸顯自己是差勁，影響年終考核、獎金和升遷。所以，大家心知肚明都是好同事，但也未必百分之百合作無間，遑論替對方著想!?走筆至此，我不禁想起一則公案，寓有深刻的教育意義，可當作上班朋友的座右銘。

有一天，佛光禪師見到克契禪僧，問道：

「你自從來這裏學禪，好像日子過得頗快，至今過了十二年，怎麼你從不來向我問道呢？」

克契禪僧答道：「看到老禪師天天在忙，學僧實在不敢打擾。」

光陰迅速，三年瞬間過去。一天，佛光禪師在路上又遇到克契禪僧，忍不住又問道：

「你對參禪修道有什麼問題嗎？怎麼不來問我呢？」

克契禪僧恭敬答道：「老禪師天天在忙，學僧怎敢隨便浪費您寶貴的時間呢？」

又過了一年半載，克契學僧經過佛光禪師房外面，禪師又對克契禪僧說道：

「我今天有空，請你到我禪房來談談禪道如何？」

克契禪僧慌忙合掌作禮說：

「老禪師很忙，我怎麼好意思打擾呢？」

佛光禪師知悉克契禪僧太過謙卑，不敢直下承擔，再認真參禪，也未必能開悟。

這時候，佛光禪師知道非採取主動不可，又一次遇到克契禪僧時，便直截問道：

「學道坐禪，要不斷參究，怎麼你始終不來問我呢？」

克契禪師仍然推說：「老禪師很忙，學僧不便打擾啊！」

誰知佛光禪師聽了大聲喝道：「忙！忙！到底為誰忙呀？我也可以為你忙哩！」

古契禪僧聽後，當下省悟。

上班族不要太顧念自己，或太會計較，也同時要為對方著想，不要自己好就好，不管別人差勁，應該互相體諒和扶助，珍惜朋友緣、同僚緣，才能再造良緣，即多種善因，自然多得善果。

有一家大餐廳請了四、五位端菜的堂倌，老闆本來規定每人負責那幾桌，小費當然屬於他們自己，可是，有些桌的客人訂菜特別多，負責端菜的人會忙不過來，無形中怠慢了客人，讓客人留下壞印象，也許下次不回來；反之，有些桌的客人訂菜較少，負責端菜的人不必忙，可能閒得很，但也不想去照顧別桌，反正不是我負責，小費亦不歸我。

這時候實在不該太計較、太自私、理應伸出援手，彷彿佛光禪師那句「我也可以為你忙！」去掉偏執與妄念，共同為餐廳生意著想，果然老闆發現了這個漏洞，之後改變規矩，原則上每位堂倌仍然負責那些桌，竭盡招待之責，但那些小費不能獨享，大家都把小費湊在一起，打烊時均分享，結果不但皆大歡喜，也去掉彼此的猜忌和嫉妒。只要誰忙不過來，那麼，稍微輕鬆的人，就不能眼睜睜不管了，這樣也給餐廳帶來更好的生意，就是合作成功的果實，可讓所有參與者都能品嘗，何樂不為呢？

不論公私機構裏，人盡其材，又拿多少錢，就得做多少事是最合理的人事規條和經營原則，無奈世間人事很難令人滿意，其間總有些漏洞，但最遺憾的是，錢拿特別多，事反而做特別少，形成頭輕腳重的極不公平，而這樣最易招致同事的埋怨與憤慨。例如，那年我在電視台上班，有一位組長憑人情關係，從後門闖進來，整天沒有事做，從上班到下班手上不離一個電晶體收音機，在辦公桌前蹺起二郎腿，如醉如痴在自己最愛的流行歌曲裏，所有作業全給三位部下去忙碌，我偶爾走進去，也很替那三位同僚抱不平，但事不關己，也不便出口，誰知他們三人心血來潮，便聯名寫一封信給董事長報告詳請，果然不久，那位閒得無聊，錢拿得又多的組長就被調職了。不平則鳴，人之常情，而今細想——如果那位組長懂得這則公案的智慧，「我也可以為你忙」，那就不會自討沒趣了。

說穿了，這則禪話旨趣也開示上班朋要有人溺己溺，人飢己飢的平等心。幫人一點小忙，無疑給自己種福田，有朝一日的福報也許多出好幾倍。當然不宜有回報心，否則就要打折扣了。

「我也可以為你忙！」可用的場合太多啦！多用也有多福報，牢牢記住吧！

45·如履深淵，如履薄冰

下則公案耐人尋味，只要細讀幾遍，也不難得到領悟。

香巖智閑禪師證悟祖師禪後，更加飛揚活躍，隨時隨地都以奇言奇事來考驗僧徒。

一天，他向學僧提出一個問題說：

「說起參禪求道的事，就像一個人在千尺懸岩的山澗之中，用牙齒咬住樹枝，腳無所踏，高高地懸在半空中，如果摔下，便有生命危險。

這時，下面有人問他：

『什麼是祖師西來意？』

假如他不回答，這表示他的無知，而又沒有慈悲心。

如果回答，一開口，便會掉下來摔死。

在這種情況下，請問你們究竟該怎麼辦？」

一群學僧面面相覷，不知如何回答。這時，正好虎頭招上座在場，於是，他便站起身來，從容說道：

「我們不必問他在樹上怎麼辦？請你告訴我們，他在沒有爬之前，是怎樣的？」

香巖聽了哈哈大笑。

（錄自『星雲禪話』第二集）

沒錯，這是一道難題。上班朋友在許多場合也會碰到別人問起公司的秘密或內幕，這時要不要回答？若要，該怎麼回答呢？

顯然，任何公司秘密或內幕都不能與人道也，彷彿「家醜不可外揚」一樣，最好點到為止，或顧左右而言他應付過去。

因為隔牆有耳，隔窗有眼，重要事情不可洩露，誰知對方存什麼心？何況商業間諜到處皆是，有形無形，讓人防不勝防。說不定漫不經心洩露出去，會給自己和公司帶來莫大困難，小心防範才好。

關於這一點，日本經營學者高原真有些建言頗有見地，恕我轉述於下，讓上班族恪守和參考。

㈠、在公司外面要特別注意——別在咖啡廳、飯店、公車上談論公司的事，慎防同業的競爭對手在旁，說者無心、聽者有意，也許別人聽到再輾轉相傳到競爭者耳中。

㈡、對朋友或知己也要戒備——即使熟人閒聊公司的內幕和秘密，也不能說得太詳細，適可而止，最好不提。

㈢、隨時收拾和收藏重要文件，有訪客來時，小心桌面的文件不要曝光，對方匆匆一瞥，就能盡收眼底，無異曝露自己的內幕。

㈣、到洗手間談論公司的事情也要謹慎，別忽視那種場所可以暢所欲言，也許最輕鬆的場所，就是最危險的場所。時時刻刻別讓人聽見或看到自己手上的牌，這樣既能保護自己，也能保護公司，大意不得也。

我有一位堂侄考進一家木器廠當會計兼出納，初出茅蘆，少不更事，在一次親戚的婚宴上閒談時，不小心透露工廠財務有些困難；本來，經營有高低起伏，不足為奇，偶爾也難免有低潮或淡季。

誰知不到幾天，他的話便傳到同業者耳朵，之後又傳回給工廠經理知道了，於是，立刻叫我的堂侄去當面教訓一頓，說道：

「我們向銀行和私人貸款幾百萬，你比誰都清楚，只有外人不明白，如今被他們知道工廠財務不穩，倘若被誤解為快要倒閉了，迫使債主跑上門討債，你想，我們豈不完蛋？你身為會計兼出納，掌握公司的最大秘密和最重要的內幕，怎可隨便講話？」

不但當面受到口頭斥呵，且後來再也爬升不起來。禍從口出，不是無的放矢。上班族要隨時提高警覺，縱使有人不直接啟口，或開門見山，提出難題來讓你不便啟齒，但也同樣要預防間接、或旁敲側擊，套出你洩露公司秘密與內幕。

商場如戰場，自己公司等於自己的軍隊，商機洩露無異顯露自身的弱點，那麼，這場戰役的後果也不難想像了。何況，無形、複雜與險詐的情報間諜，會使出渾身解數在你周圍出沒，巴不得從你口中獲到這寶貴訊息。所以如履深淵、如履薄冰，可做所有上班朋友的座右銘。

46・提早退休，亦無不可

近年來，美國西海岸出現一群年輕富豪，曾靠最新科技如半導體、電腦等玩藝兒賺了百萬家財，接著，不到退休年齡就毅然退休，再用餘生奉獻慈善和傳教事業，乍讀下，我有無限動容！

其實，國內也有些上班族提前退休，壯年期剛過不久，就離開作業單位，寧願放棄那筆可觀的退休金，意謂還不到退休期就先行退休，讓人頗感意外。他們退休後的日子各有不同的過法，由於動機不同，環境各異，對錯得失很難說，但都出自當事人自己的決定，外人只感到詫異罷了。

有一位小同鄉姓吳，家裏種田，那年從私立高中畢業考不上大學，就去考警校，後來當了二十年警察。其間他結婚生子，必須靠薪水上養父母，下育妻兒，僅在餘暇去田裏看看，主要農事都請人負責，農忙期也很少插手幫忙。所以，他不敢妄想提前退休，家庭的擔子太重了。

但是，人生的因緣很難預測，大約十年前，縣政府遷移，選在他家的田地上擴建：這一來，頓使那塊田地成了價值非凡的都市計劃區，不消說他馬上成了日入斗金的大富，結果也可想而知，他再也不把那筆區區的公家退休金看在眼裏，從此告別那椿既辛苦又危險的警察職業，算起來他還不到五十歲，就可以輕鬆地脫離上班族，而完全不愁生活，讓人羨慕不已。

我有一位小學同窗也是高中畢業，就在台北一家大觀光飯店服務，太太是位美容師，家境過得去，不過，他有一個天資聰明的獨生子，求學過程十分順利，後來當了小兒科醫生，且生意極好，那位同窗眼見兒子已經出頭了，自己在飯店職位低微，每天還幫客人鋪床疊被、打掃廁所，那點兒收入沒什麼意義，當醫生的兒子很有孝心，三番兩次勸老爸乾脆退下來吧！何必要苦苦挨到六十歲退休呢？反正家裏不缺錢用。果然在他五十五歲生日那天，就向飯店經理辭職了，而今他在慈濟功德會當一位熱心會員。

記憶裏，有一件非常感人的報載、好像南投縣政府其科一位職員，平時研讀佛經，在他可以退休的前兩年得到家裏妻兒的同意，把價值大約一億元的土地捐給寺廟，並也提前退休，不理會同事們勸阻，毅然放棄那筆退休金，就跑到一間廟裏出家，看破紅塵，徹底過著清淡的修行生活。

這是十分罕見的例子，但也能讓我們得到某種啟示，即人各有志，且要看個人的諸多因緣來決定，世間身不由己的情形很多，而不必一味倣效別人做法。前述兩例算是人之常情，不值得傳頌，只有最後一例非同小可，不妨再說一下。

禪修講求契機、分寸拿捏和時間前後，但憑自己做主，例如日本澤庵禪師應天皇之命，但任大德寺的住持，僅僅當了三天便退隱山林。當時，他做了一首詩偈，其中一句：「白鷗不染紅塵」，自己決心截斷世俗的欲念。

還有『普燈錄』這本禪集也有一首偈說：「衝開碧落松千尺，截斷紅塵水一溪。」退休渴望一筆退休金做老本固然要緊，但也別忘了要努力自淨本心，讓心境像小溪的水一樣清澄明澈才重要。總之，每位上班族都該考量自己的退休契機，而不一定非拿到大筆退休金不可。

我讀到一篇「四十歲上班族高唱職場輓歌」的文章，同情之餘，也不禁百感交集。曾幾何時，自己也是個上班族，壯年期是埋頭苦幹的時候，奈因時空因緣不一樣，當時剛脫離農業社會，有班可上是萬幸，且巴不得上到七老八十，因為那時還沒有退休金制度。

而今職場如戰場，別說作業內容錯縱複雜、勞心勞力，人際關係也不輕鬆，夠使人煩心，致使年僅四十，上班十幾二十年就大喊吃不消，大有「壯志消磨」、「金劍沈埋」之感，那種欲罷不能，彷彿老牛拖車、咬緊牙關苦撐下去的無奈和悽涼，不足與外人道也。

不管工作順不順心，有沒有經濟壓力，他們普遍起了厭勤感，經常捫心自問：「有必要這樣辛苦下去嗎？」說得現實些，現代人比較懂享受，或比較會想到自己，連終身大事也敢抱「寧缺勿濫」，願意一輩子當單身貴族。

為什麼有一大筆橫財，例如股票撈了一把、房地產暴漲幾倍，或中了什麼特獎……難道會不提前退休，趕快逍遙去嗎？對新新人類來說，退休期間充滿不確定感，可不是無的放矢！

47・上班族中繼站！退休前

人有時很矛盾，有些上班族平常巴不得退休，可以不上班也有錢拿——享受退休金，在家過悠閒的日子。當然，這個成果是靠他一天天累積出來的，不是突然來臨，或不勞而獲的，理所當然可以享有這種生活。無如，他們可能心情很複雜，短期間內恐難以平常心這樣如願過生活，例如，有人感到悵惘、落寂或惶恐，一位老友曾向我吐露說：

「我怕退休後無所事事，整天在家討兒女厭煩，反正上班慣了，跟家人早晚見面一次很正常，不覺得時刻見面會更好、更融洽。

另一位親戚也道出肺腑的話說：

「人生下來就應該工作，沒事做反而不健康，我愈接近退休年齡，就愈留戀這份工作，以後沒班可上會難過！」

甚至有人遇到退休日子近了，心裏忽然接受一種暗示與警訊：「我終於老了，老不中用嘛！來日不多矣。」

總之，都不習慣讓自己面對即將退休的事實……。

事實上，世間的事都要新陳代謝，都難逃無常變化，也許那個職位只有一個，你不走，年輕人進不來，你的養家責任完了，當然年輕人也要娶妻養家，那個職位豈能讓你做到死嗎？

不要只替自己想，也該替年輕人想一想呀！說真的，心理年齡跟生理年齡不一樣，後者是有形的，也比較僵硬和極限，且不能讓自己做主；反之，前者是無形的，更沒有嚴格界限，且完全憑自己做主，縱使過了「耳順」之年，只要不自覺老，那麼，照樣有年輕的心情，時刻都可以輕鬆活潑，免於銀髮族的沮喪，落寂與自悲，而這就是禪者所謂「三界由心造」，「萬法唯心」的智慧，敬盼即將退休的上班族能夠真正受用它。

台灣正步入老化社會，上班族退休者也愈來愈多，相對地，醫療環境的改善，平均壽命普遍增長，和生育率下降，致使青壯年人口逐漸減少。這一來，上班族退休便成了家庭與社會的沈重負擔，幸好事先有足夠儲蓄，且已參加全民保險，晚境才不會悲慘，但在這種環境下，他們應該怎樣安享天年，過悠閒的日子呢？

當然，三餐無虞之外，自己的健康最重要，這可包括身心兩種。談到身體保健，便聯想到運動——高爾夫球、健身操、瑜伽術、外丹功、太極拳，各種氣功和早晚散步，尤以後面幾種比較普遍，且經濟實效，最適合退休上班族。

其實，禪者打坐，和行住坐臥的禪修功課對身體壯健有極大助益。例如，日本所有的禪寺裏面，僧眾不但做很多粗重工作，甚至庭園裏舖的如茵綠草，每位禪者每天都要把枯黃的草，親手一點一點把它剪掉。依他們看，一切的生活作業，無不含有無限禪機，而且這樣對他們身體也有幫助。因為坐禪包括調身、調息和調心，三者缺一不可，尤其，調心是其他一切運動所沒有，而這一項正是禪修的精髓。

坐禪要注意五件事——飲食節量、小心睡眠、調整姿勢、調節呼吸、調節心情。

如果飲食過量，難免肚子膨脹，氣力衰退。如果吃喝太少，身體疲勞，內心會倦怠。無益身體的食物，不吃為妙。飲食要保持平衡，大約七分飽就行了。可見坐禪時不能忽視飲食。

調整睡眠，意謂要先行準備，這是坐禪的重要契機，睡眠為無明之惑，會蓋覆人的心境，一天到晚愛睡，無異放任自己無知，故宜領悟「無常」這個存在，好好調整睡眠時間，心平氣和，神情閒逸，理念明淨。誠如智顗大師教誡哥哥說：「整天睡覺會虛渡人生。」有真理存焉。

其次要調整坐禪姿勢和安坐位置，先在床上盤足坐上，呈半跏坐時，把左腳放在右腳上靠攏身體，把左腳趾尖和右腿，跟右腳尖和左腿重疊。如果採取全跏坐姿，再把右腳放在左腳上面。

之後把衣服、皮帶腰巾盡量鬆弛，不必脫下來。

然後左掌放在右掌上，雙手置於腳上。靠攏身體，把心情放輕鬆。

接著端正身體，先將身體和關節像桿槓一樣，轉動七、八次，彷彿自我按摩的方法，將手腳調整像坐禪狀。背骨伸直，挺起頭部與脖子，好像能跟鼻孔與肚臍形成一直線，只要偏斜、昂首或低下，顏面朝正。

之後，從口裏吐出濁氣，開口靜靜地吐息，千萬不能粗暴急速。連全身脈搏不通的氣，也想像跟放氣一樣出來。接著，閉口從鼻孔吸入新鮮空氣。反覆三次左右，當然，如果身體與呼吸協調，一次也不妨。

之後，閉上嘴巴，唇與牙齒互相支撐，把舌頭朝上腭抵觸，然後閉上眼睛，稍微遮斷些外界的光明，不能完全閉上看不見。

這一來，身體和坐姿都很端正了，坐著彷彿一塊基石，身體、頭部和四肢都不會搖動了，既不太緊張或拘謹，也不鬆懈疲倦，以上是天台止觀的坐法。

開始坐禪時，要調伏胡思亂想，切勿輕浮隨便，調整一下沈、浮、寬和急躁的心神。坐禪結束時，恰跟開始時相反。先張開口放氣，觀想成百脈的氣都很舒暢的情形，之後靜靜地活動身體，並動一動肩胛、手、頭和脖子等部位。雙腳柔軟地活動，用手撫摸皮膚，手掌要搓揉暖和一會兒，矇上眼睛，待身體的熱氣稍微平靜時，才可隨意停止打坐。

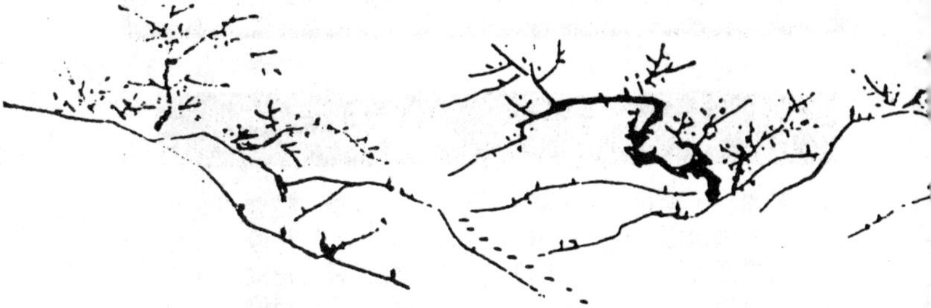

作者簡介：

劉欣如：一九三七年出生、新竹縣人。

　　曾任敎台灣大專院校講師及福嚴佛學院。現在旅居美國洛杉磯市，擔任美國佛敎宏法中心總編輯。譯作有：『阿含經與現代生活』、『佛敎說話文學全集』（一～十一集）、『業的思想』、『大智度論的故事』、『釋尊的譬喩與說話』、『唯識學入門』、『唐玄奘留學記』、『喬答摩佛陀傳』、『佛敎的人生觀』、『現代生活與佛敎』等，並有佛敎散文發表於國內外佛學雜誌。

大展出版社有限公司
品冠文化出版社

圖書目錄

地址：台北市北投區（石牌）
致遠一路二段 12 巷 1 號
郵撥：01669551＜大展＞
電話：（02）28236031
28236033
傳真：（02）28272069

・少年偵探・品冠編號 66

1. 怪盜二十面相	（精）	江戶川亂步著	特價 189 元
2. 少年偵探團	（精）	江戶川亂步著	特價 189 元
3. 妖怪博士	（精）	江戶川亂步著	特價 189 元
4. 大金塊	（精）	江戶川亂步著	特價 230 元
5. 青銅魔人	（精）	江戶川亂步著	特價 230 元
6. 地底魔術王	（精）	江戶川亂步著	特價 230 元
7. 透明怪人	（精）	江戶川亂步著	特價 230 元
8. 怪人四十面相	（精）	江戶川亂步著	特價 230 元
9. 宇宙怪人	（精）	江戶川亂步著	特價 230 元
10. 恐怖的鐵塔王國	（精）	江戶川亂步著	特價 230 元
11. 灰色巨人	（精）	江戶川亂步著	特價 230 元
12. 海底魔術師	（精）	江戶川亂步著	特價 230 元
13. 黃金豹	（精）	江戶川亂步著	特價 230 元
14. 魔法博士	（精）	江戶川亂步著	特價 230 元
15. 馬戲怪人	（精）	江戶川亂步著	特價 230 元
16. 魔人銅鑼	（精）	江戶川亂步著	特價 230 元
17. 魔法人偶	（精）	江戶川亂步著	特價 230 元
18. 奇面城的秘密	（精）	江戶川亂步著	特價 230 元
19. 夜光人	（精）	江戶川亂步著	
20. 塔上的魔術師	（精）	江戶川亂步著	
21. 鐵人Q	（精）	江戶川亂步著	
22. 假面恐怖王	（精）	江戶川亂步著	
23. 電人M	（精）	江戶川亂步著	
24. 二十面相的詛咒	（精）	江戶川亂步著	
25. 飛天二十面相	（精）	江戶川亂步著	
26. 黃金怪獸	（精）	江戶川亂步著	

・生 活 廣 場・品冠編號 61・

1. 366 天誕生星	李芳黛譯	280 元
2. 366 天誕生花與誕生石	李芳黛譯	280 元

3.	科學命相	淺野八郎著	220 元
4.	已知的他界科學	陳蒼杰譯	220 元
5.	開拓未來的他界科學	陳蒼杰譯	220 元
6.	世紀末變態心理犯罪檔案	沈永嘉譯	240 元
7.	366 天開運年鑑	林廷宇編著	230 元
8.	色彩學與你	野村順一著	230 元
9.	科學手相	淺野八郎著	230 元
10.	你也能成為戀愛高手	柯富陽編著	220 元
11.	血型與十二星座	許淑瑛編著	230 元
12.	動物測驗—人性現形	淺野八郎著	200 元
13.	愛情、幸福完全自測	淺野八郎著	200 元
14.	輕鬆攻佔女性	趙奕世編著	230 元
15.	解讀命運密碼	郭宗德著	200 元
16.	由客家了解亞洲	高木桂藏著	220 元

・女醫師系列・品冠編號 62

1.	子宮內膜症	國府田清子著	200 元
2.	子宮肌瘤	黑島淳子著	200 元
3.	上班女性的壓力症候群	池下育子著	200 元
4.	漏尿、尿失禁	中田真木著	200 元
5.	高齡生產	大鷹美子著	200 元
6.	子宮癌	上坊敏子著	200 元
7.	避孕	早乙女智子著	200 元
8.	不孕症	中村春根著	200 元
9.	生理痛與生理不順	堀口雅子著	200 元
10.	更年期	野末悅子著	200 元

・傳統民俗療法・品冠編號 63

1.	神奇刀療法	潘文雄著	200 元
2.	神奇拍打療法	安在峰著	200 元
3.	神奇拔罐療法	安在峰著	200 元
4.	神奇艾灸療法	安在峰著	200 元
5.	神奇貼敷療法	安在峰著	200 元
6.	神奇薰洗療法	安在峰著	200 元
7.	神奇耳穴療法	安在峰著	200 元
8.	神奇指針療法	安在峰著	200 元
9.	神奇藥酒療法	安在峰著	200 元
10.	神奇藥茶療法	安在峰著	200 元
11.	神奇推拿療法	張貴荷著	200 元
12.	神奇止痛療法	漆浩　著	200 元

・彩色圖解保健・品冠編號 64

1. 瘦身　主婦之友社　300 元
2. 腰痛　主婦之友社　300 元
3. 肩膀痠痛　主婦之友社　300 元
4. 腰、膝、腳的疼痛　主婦之友社　300 元
5. 壓力、精神疲勞　主婦之友社　300 元
6. 眼睛疲勞、視力減退　主婦之友社　300 元

・心 想 事 成・品冠編號 65

1. 魔法愛情點心　結城莫拉著　120 元
2. 可愛手工飾品　結城莫拉著　120 元
3. 可愛打扮 & 髮型　結城莫拉著　120 元
4. 撲克牌算命　結城莫拉著　120 元

・熱 門 新 知・品冠編號 67

1. 圖解基因與 DNA　（精）　中原英臣 主編　230 元

法律專欄連載・大展編號 58

台大法學院　法律學系／策劃
法律服務社／編著

1. 別讓您的權利睡著了(1)　200 元
2. 別讓您的權利睡著了(2)　200 元

・名師出高徒・大展編號 111

1. 武術基本功與基本動作　劉玉萍編著　200 元
2. 長拳入門與精進　吳彬　等著　220 元
3. 劍術刀術入門與精進　楊柏龍等著　220 元
4. 棍術、槍術入門與精進　邱丕相編著　220 元
5. 南拳入門與精進　朱瑞琪編著　220 元
6. 散手入門與精進　張　山等著　220 元
7. 太極拳入門與精進　李德印編著　280 元
8. 太極推手入門與精進　田金龍編著　220 元

・實用武術技擊・大展編號 112

1. 實用自衛拳法　溫佐惠著　250 元
2. 搏擊術精選　陳清山等著　220 元

3. 秘傳防身絕技　程崑彬著　230 元
4. 振藩截拳道入門　陳琦平著　220 元

・中國武術規定套路・大展編號 113

1. 螳螂拳　中國武術系列　300 元
2. 劈掛拳　規定套路編寫組　300 元
3. 八極拳

・中華傳統武術・大展編號 114

1. 中華古今兵械圖考　裴錫榮主編　280 元
2. 武當劍　陳湘陵編著　200 元

・武術特輯・大展編號 10

1. 陳式太極拳入門　馮志強編著　180 元
2. 武式太極拳　郝少如編著　200 元
3. 練功十八法入門　蕭京凌編著　120 元
4. 教門長拳　蕭京凌編著　150 元
5. 跆拳道　蕭京凌編譯　180 元
6. 正傳合氣道　程曉鈴譯　200 元
7. 圖解雙節棍　陳銘遠著　150 元
8. 格鬥空手道　鄭旭旭編著　200 元
9. 實用跆拳道　陳國榮編著　200 元
10. 武術初學指南　李文英、解守德編著　250 元
11. 泰國拳　陳國榮著　180 元
12. 中國式摔跤　黃　斌編著　180 元
13. 太極劍入門　李德印編著　180 元
14. 太極拳運動　運動司編　250 元
15. 太極拳譜　清・王宗岳等著　280 元
16. 散手初學　冷　峰編著　200 元
17. 南拳　朱瑞琪編著　180 元
18. 吳式太極劍　王培生著　200 元
19. 太極拳健身與技擊　王培生著　250 元
20. 秘傳武當八卦掌　狄兆龍著　250 元
21. 太極拳論譚　沈　壽著　250 元
22. 陳式太極拳技擊法　馬　虹著　250 元
23. 二十四式 / 三十二式 太極 拳 / 劍　闞桂香著　180 元
24. 楊式秘傳 129 式太極長拳　張楚全著　280 元
25. 楊式太極拳架詳解　林炳堯著　280 元
26. 華佗五禽劍　劉時榮著　180 元
27. 太極拳基礎講座：基本功與簡化 24 式　李德印著　250 元

國家圖書館出版品預行編目資料

上班族禪話／劉欣如著
－初版－臺北市，大展，民 92
面；21 公分－（心靈雅集；68）
ISBN 957-468-181-5（平裝）
1. 修身
191.1　　91020465

上班族禪話

ISBN 957-468-181-5

著作者／劉　欣　如
發行人／蔡　森　明
出版者／大展出版社有限公司
社　址／台北市北投區（石牌）致遠一路 2 段 12 巷 1 號
電　話／(02) 28236031・28236033・28233123
傳　真／(02) 28272069
郵政劃撥／01669551
E-mail／dah_jaan @yahoo.com.tw
登記證／局版臺業字第 2171 號
承印者／揚昇彩色印刷股份有限公司
裝　訂／協億印製廠股份有限公司
排版者／千兵企業有限公司
初版1刷／2003 年（民 92 年）1 月

定　價／200 元